Giovanni Casertano

Uma introdução à *República* de Platão

PAULUS

Direção editorial: *Zolferino Tonon*
Tradução: *Maria da Graça Gomes de Pina*
Coordenação: *Claudenir Módolo e Claudiano Avelino dos Santos*
Revisão: *Mauricio Pagotto Marsola e Caio Ernane Pereira*
Imagem da capa: *Busto de Platão. Cópia romana em mármore de um original grego do século IV antes de Cristo, Museu do Vaticano*
Capa: *Marcelo Campanhã*
Diagramação: *Dirlene França Nobre da Silva*
Impressão e acabamento: PAULUS

Dados Internacionais de Catalogação na Publicação (CIP)
(Câmara Brasileira do Livro, SP, Brasil)

Casertano, Giovanni
Uma introdução à *República* de Platão / Giovanni Casertano [tradução Maria da Graça Gomes de Pina]. — São Paulo: Paulus, 2011. — Coleção Como ler filosofia.
Título original: Introduzione alla Republica do Platone.

ISBN 978-85-349-3270-7

1. Filosofia antiga 2. Filosofia - Introdução 3. Literatura grega 4. Platão 5. Política - Filosofia I. Título. II. Série.

11-08737   CDD-184

Índices para catálogo sistemático:
1. Filosofia platônica 184
2. Platão: Obras filosóficas 184

Seja um leitor preferencial **PAULUS.**
Cadastre-se e receba informações sobre nossos lançamentos e nossas promoções:
paulus.com.br/cadastro
Televendas: **(11) 3789-4000 / 0800 16 40 11**

1ª edição, 2011
1ª reimpressão, 2019

© PAULUS – 2011

Rua Francisco Cruz, 229 • 04117-091 – São Paulo (Brasil)
Tel. (11) 5087-3700
paulus.com.br • editorial@paulus.com.br

ISBN 978-85-349-3270-7

Apresentação

O leitor tem em mãos uma introdução à *República* de Platão, escrita por um dos mais eminentes especialistas no pensamento platônico na atualidade. Além de dedicar-se aos diálogos platônicos, G. Casertano é autor de diversos trabalhos no campo da Filosofia Antiga, notadamente sobre a filosofia pré-socrática. Vale destacar alguns títulos, bem conhecidos entre os especialistas da área, tais como *L'eterna malattia del discorso. Quattro studi su Platone* (Napoli, Liguori, 1991), *Parmenide. Il metodo, la scienza, l'esperienza* (Napoli, Loffredo, 1989); *Empedocle tra poesia, medicina, filosofia e politica* (Napoli, Loffredo, 2007); *Il nome della cosa. Linguaggio e realtà negli ultimi dialoghi di Platone* (Napoli, Loffredo, 1996), *I presocratici* (Roma, Carocci, 2009), tendo sido traduzidos recentemente para o português: *Paradigmas da verdade em Platão* (São Paulo, Loyola, 2010) e *Sofista* (São Paulo, Paulus, 2010). Esta introdução a um dos mais longos, densos, multifacetados e controvertidos diálogos de Platão, a *República*, soma-se a uma bibliografia sobre Platão e o platonismo que vem crescendo nos últimos anos em português.

A obra escrita por Casertano divide-se em uma apresentação geral, seguida de uma exposição analítica de cada um dos dez livros que compõem o diálogo. Ao longo de sua obra, o autor lança luzes acerca de questões presentes na *República*, que foram objeto de grandes controvérsias, desde Aristóteles até a atualidade. Tal clareza e penetração são frutos dos longos anos de frequentação do texto platônico, insubstituíveis sobretudo quando se trata de uma obra introdutória ao universo complexo de um dos textos basilares da filosofia ocidental.

Às indicações bibliográficas dadas pelo autor no final do volume, particularmente a tradução portuguesa de M. H. da Rocha Pereira, é válido acrescentar a referência a duas traduções brasileiras da *República*, publicadas recentemente: a realizada por Ana Lia A. de Almeida Prado. São Paulo, Martins Fontes, 2006 (reimpressão 2009). Introdução de Roberto Bolzani Filho, que traz uma útil nota bibliográfica ao final; e aquela de J. Guinsburg (org.). São Paulo, Perspectiva, 2006, edição revista e atualizada, com notas explicativas, por Luis A. M. Cabral e Daniel R. N. Lopes; mencione-se, ainda, *República. Livros VI e VII*. Comentários de M. Dixsaut. Lisboa, Didactica Editora, 2000.

Procuramos interferir o mínimo possível na tradução de Maria da Graça G. de Pina, e preservar na íntegra as opções de tradução que o autor faz dos trechos citados da *República* e de outros diálogos. Modificamos apenas algumas palavras e expressões menos usuais no português brasileiro.

Que esta seja mais uma "rota e caminho" (cf. Rep. 532e3) a conduzir os leitores, iniciantes ou experientes, pelos itinerários desta odisséia filosófica, a *República*.

Mauricio Pagotto Marsola.

I Capítulo

Premissa

Este volume pretende ser uma simples introdução à *República* platônica, um convite e uma provocação, além de ser um guia à leitura e ao aprofundamento pessoal do diálogo.

A *República* é um dos diálogos mais importantes de Platão e, depois das *Leis*, o mais longo. Pode-se dizer que nele estão presentes todos os temas e problemáticas da filosofia platônica, da teoria das ideias à teoria da alma, embora sejam tratados sob um horizonte que poderíamos definir genericamente "político". Digo 'genericamente' porque, de fato, a perspectiva gnoseológica e epistemológica, a ética, a teorética, a política para Platão estão intimamente ligadas entre si. Por isso, este diálogo pode constituir uma ótima introdução ao estudo da filosofia platônica. Após ter dado breves notícias sobre a vida e as obras de Platão, sobre este diálogo em especial, estrutura e personagens, ofereço um resumo dos dez livros que o compõem e, por fim, identifico alguns dos temas e problemas mais importantes que o caracterizam, que são os temas e os problemas que mais preocupam o Autor.

O texto platônico que utilizei foi o de J. Burnet, *Platonis Opera*, vol. IV, Oxford, 1902, mas tive também em consideração o de S. R. Slings, Oxford, 2003. Para uma leitura mais veloz para quem não conhece o grego, transliterei as palavras gregas pelo seguinte sistema: as vogais longas foram sublinhadas (por exemplo, *alétheia*); o iota subscrito foi colocado a seguir à vogal longa (por exemplo, *lógoi*) e, por conseguinte, não se deve ler; o espírito brando não é indicado, o áspero é indicado pelo uso do *h* antes da vogal (por exemplo, *hedoné*); o acento é posto sempre na vogal tônica e, nos ditongos, ao contrário do que sucede no grego, é posto na primeira vogal (por exemplo, *hedonái*, *sophói*).

Agradeço, como sempre, à Graça, pela sua presença e pela tradução para português deste texto, e ao Maurício, por me ter convidado a escrever este volume e por tê-lo revisto.

1. Vida e obras de Platão

Platão (Atenas, 428/427-348/347 a.C.) escreveu os seus diálogos *grosso modo* num arco de quarenta anos. Antes do seu encontro com Sócrates (que ocorreu em 408), parece que estudara pintura e escrevera também poesias, cantos líricos e tragédias. Decerto interessou-se pela filosofia de Heráclito e de Parmênides. O encontro com Sócrates, quando tinha cerca de vinte anos, mudou profundamente a sua vida enquanto homem e pensador: a ideia de "filosofia", tal como é expressa em todas as suas obras, nasceu certamente por frequentar Sócrates, e poder-se-ia dizer também que toda a obra platônica no fundo responde à exigência de expor a "verdadeira" filosofia de Sócrates, personagem central de quase todos os diálogos platônicos. Embora exponha a verdadeira filosofia de Sócrates, em polêmica com outros filósofos que também se reclamavam do ensino socrático, Platão, de fato, apresenta a *própria* filosofia. Com efeito, a sua fidelidade ao ensino do mestre não consiste tanto em repetir as doutrinas de Sócrates (porque, em rigor, não podemos falar historicamente de doutrinas "socráticas", visto que Sócrates deliberadamente não escreveu nada), mas em reafirmar a validade do método de investigação socrático.

Ao contrário dos filósofos que o precederam, Sócrates defendeu que a filosofia se construía em vivo diálogo com os outros homens interessados em alcançar a verdade. Partindo da diversidade de opiniões que cada um possui, confrontando e refutando as diversas opiniões e também as opiniões opostas, Sócrates estava convencido de que, com o diálogo, podia-se alcançar um acordo, uma opinião "comum" que obtivesse o consenso de todos os dialogantes. Segundo Platão, esta convicção ia contra toda a tradição filosófica anterior: já não se tratava da "transmissão" de um saber que um sábio comunicava aos seus discípulos, mas da "construção" de um saber comum que os homens procuravam juntos. Quando Sócrates afirmava que "sabia que nada sabia", reafirmava precisamente a sua recusa em aceitar e transmitir um saber pré-constituído, e abria portas para o horizonte de um saber entendido como investigação contínua e como conquista e posse consciente da alma de cada ser humano. Platão manteve-se sempre fiel a este ideal. E esta é a razão também da sua decisão de escrever somente diálogos, em que as várias personagens se confrontam, às vezes se afrontam, procurando chegar a conclusões comuns: em suma, os diálogos de Platão não são tratados de filosofia, mas são uma representação real de "como se faz filosofia".

Platão escreveu diálogos por um grande período de tempo. Após a morte de Sócrates (399 a.C.), por volta dos seus 29 anos, ele foi a Mégara com outros socráticos e depois fez uma série de viagens que o levaram a visitar Creta, o Egito, a Magna Grécia, entrando assim em contato com os ambientes científicos e filosóficos mais importantes da cultura do seu tempo, tal como a escola matemática de Cirene e o ambiente pitagórico de Tarento, onde conheceu o grande filósofo e homem político pitagórico Arquitas, de quem se tornou amigo. De regresso a Atenas, entre 395 e 388, isto é, entre os seus 33 e os 40 anos, Platão escreveu os seus primeiros diálogos: a *Apologia de Sócrates*, o *Críton*, o *Íon*, o *Êutifron*, o *Cármides*, o *Laques*, o *Lísias*, o *Hípias Maior*, o *Hípias Menor*, o i livro da *República*, o *Protágoras*, o *Górgias*.

Em 388, Platão realiza a sua primeira viagem a Siracusa, à corte do tirano Dionísio, o Velho. Lá, faz amizade com Díon, o cunhado do tirano, que fica fascinado pelo ideal filosófico-político que Platão estava a construir. Mas quer Dionísio quer a corte siracusana corrupta ficam muito aborrecidos com as críticas livres de Platão, que se vê obrigado a fugir de Siracusa e a regressar a Atenas. Em Atenas, em 387, funda a sua "escola", isto é, um centro de discussões, lições, estudos e debates, que pudesse realizar aquela maneira de pensar e de viver em conjunto que constituía o ideal socrático. A escola chamava-se Academia porque estava situada num parque dedicado ao herói Academo. Nela eram admitidas mulheres, algo excepcional para a antiguidade, se se excluir, antes de Platão, a escola pitagórica. Neste período, entre 387 e 367, isto é, entre os 41 e os 61 anos, Platão escreve o *Mênon*, o *Fédon*, o *Eutidemo*, o *Banquete*, os livros ii-x da *República*, o *Crátilo*, o *Fedro*.

Em 367 Platão faz a segunda viagem a Siracusa. À morte de Dionísio, o Velho, sucede-lhe o filho Dionísio, o Jovem, e Díon, o tio do novo tirano, chama novamente Platão a Siracusa para procurar realizar as reformas da constituição política que não se tinham conseguido realizar com o velho tirano. Bem cedo a realidade se demonstra diferente das expectativas: Dionísio suspeita que o tio queria tomar posse do poder e desterra-o, e só muito dificilmente permite que Platão regresse a Atenas. Aqui, entre 365 e 361, isto é, entre os 63 e os 67 anos, Platão escreve o *Teeteto*, o *Parmênides* e o *Sofista*.

Em 361, Platão realiza a terceira viagem a Siracusa. Dionísio, o Jovem, esperando ainda obter conselhos do filósofo, convence-o a empreender uma nova viagem, afirmando que só com a sua presença teria trazido de volta Díon do seu exílio. A amizade que nutria por Díon e o sonho de poder realizar as suas reformas políticas fazem com que Platão aceite. Mais uma vez, a decepção. As relações entre Dionísio e Díon deterioram-se sempre mais e Platão, por ter mostrado abertamente estar do lado do amigo, é aprisionado na cidade. Só a intervenção de Arquitas de Tarento conseguirá resolver a situação e fazer com que Platão regresse a Atenas. Aí, entre 360 e 348, isto é, entre os 68 e os 80 anos, escreve o *Político*, o *Timeu*, o *Crítias* (incompleto), o *Filebo*, as *Leis* (em 12 livros, incompleto), a VII *Carta*, dirigida aos amigos siracusanos após a morte de Díon (353), na qual conta as aventuras das suas viagens e defende a sua perspectiva filosófica e política. Morre em Atenas, por volta dos 80 anos, em 348. Nestes últimos anos, Platão revê, reescreve em parte e debruça-se novamente sobre todos os diálogos escritos: segundo um antigo relato, no momento da sua morte, foi encontrada junto à sua cama uma tábua na qual estava a transcrever e a modificar o proêmio da *República*.

Portanto, a *República* é uma obra a que Platão dedicou muitos anos da sua vida de escritor e de pensador. O título grego original, nome com o qual nos foi legado, era *Politeia*, que significa "regime político", "forma de governo" de uma cidade. *Pólis* era precisamente a cidade grega, dotada de uma certa constituição e, por conseguinte, caracterizada por um certo modo de vida; e o verbo *politéuo* significava literalmente "viver como cidadão segundo uma certa constituição". Diógenes Laércio, um escritor grego que viveu em meados do século III d.C., autor de uma obra em dez livros intitulada *Coletânea das vidas e das doutrinas dos filósofos*, no terceiro livro, que é dedicado precisamente a Platão, menciona não só os títulos de todos os diálogos platônicos, mas também os subtítulos e a indicação do gênero literário a que cada diálogo pertence. Para a *República*, o subtítulo é "Sobre o justo" e o gênero é "político". Desde a antiguidade, portanto, este diálogo platônico era visto como uma obra política que tratava do assunto mais importante no campo da política: a justiça. Na realidade, como dissemos, a *República* é um diálogo em que se tocam todos os temas da reflexão platônica, do problema da alma ao do conhecimento, da ética, da justiça, do mito e da sua importância, da educação.

1.1. A estrutura do diálogo. O lugar e o tempo

Estruturalmente, a *República* é uma longa narração que Sócrates faz a alguns amigos. Ele conta sobre o dia em que desceu, acompanhado por Gláucon, de Atenas ao Pireu, o porto da cidade, para assistir às festas em honra da deusa Bêndis, uma deusa de origem trácia celebrada precisamente no Pireu. No regresso, Sócrates e Gláucon encontram Polemarco, Adimanto e outros amigos, que os convencem a acompanhá--los à casa de Céfalo, o pai de Polemarco, onde estão reunidos outros amigos. Com eles Sócrates entretém-se, discutindo sobre a justiça e outros assuntos. A *República* é portanto o relatório que Sócrates faz do diálogo em casa de Céfalo. Com base na classificação que, no III livro, o próprio Platão nos fornece dos gêneros literários, ela é um exemplo de obra "diegético-mimética": de fato, é constituída por uma narração (*diégesis*), no interior da qual se relatam os diálogos tal como se desenvolveram entre as várias personagens (*mímesis*, isto é, representação teatral).

O diálogo contado por Sócrates dá-se em casa de Céfalo, no Pireu, no dia da primeira celebração da festa das Bendideias, uma cerimônia noturna oferecida pelos Trácios residentes no Pireu em honra da sua deusa Bêndis. Geralmente diz-se que esta festa se fizera pela primeira vez por volta de 429/428 a.C. Portanto esta seria a "data dramática" do diálogo, isto é, aquela em que se pretende colocar a cena descrita no diálogo. Pelo contrário, é muito mais difícil determinar a "data real", ou seja, aquela em que Platão efetivamente escreveu o diálogo. Um ponto de referência poderia ser 392/391 a.C., ano em que se representou em Atenas a comédia *As mulheres na Assembleia* (*Ecclesiazusae*) de Aristófanes, que satirizava as ideias comunistas que circulavam na Atenas da época. Isto porque no livro v da *República*, ou seja, o livro em que aquelas ideias se defendem, Sócrates diz que teme precisamente a derisão dos poetas cômicos. Mas, sendo a *República* um texto muito longo, é provável que a sua redação tenha ocupado Platão por muitos anos. Talvez a sua verdadeira composição se tenha iniciado no intervalo entre a primeira e a segunda viagem de Platão a Siracusa, entre 387 e 367, isto é, no tempo da fundação da Academia, embora seja verosímil que o primeiro livro tivesse sido escrito anteriormente como um diálogo autônomo (talvez com o título *Trasímaco*) e depois incluído, com algumas modificações, no corpo do diálogo.

1.2. As personagens do diálogo

As personagens principais do diálogo são, além de Sócrates, cinco: Polemarco, Céfalo, Trasímaco, Gláucon e Adimanto. Céfalo era um rico "industrial" de Atenas: vindo de Siracusa a Atenas por convite de Péricles em 447 *grosso modo*, instalou uma fábrica de escudos no Pireu, que dirigiu por cerca de trinta anos. Polemarco é filho de Céfalo: amante da filosofia, tomava abertamente o partido da fação democrática e foi vítima da repressão antidemocrática do regime dos Trinta Tiranos, que o obrigaram, em 404, a beber a cicuta. Os outros filhos de Céfalo, irmãos de Polemarco, são Lísias, o famoso orador ático, e Eutidemo, que estão presentes no diálogo, mas não intervêm.

A personagem mais importante no primeiro livro é certamente Trasímaco de Calcedônia, famoso sofista de tendências antidemocráticas, que faz polêmica contra Sócrates sobre a ideia da justiça. Estão ainda presentes, sem desempenhar um papel importante no primeiro livro, mas destinados a assumir o papel de interlocutores capitais de Sócrates nos outros livros da *República*, os dois irmãos de Platão: Adimanto, o irmão mais velho, com um feitio moderado e reflexivo, e Gláucon, o irmão mais novo, com um feitio mais passional e com maiores dotes especulativos. Outras personagens são depois citadas como estando presentes na discussão: Clitofonte, um famoso oligarca que tomou parte no golpe de estado que levou ao poder, em 411, o regime oligárquico dos Quatrocentos; Nicérato, filho do famoso Nícias que deu o nome à paz estabelecida em 421 entre Esparta e Atenas, também ele vítima do regime oligárquico dos Trinta Tiranos; Carmantidas, que foi discípulo de Sócrates e provavelmente também de Isócrates. Outros amigos, enfim, não nomeados, estão presentes na discussão.

Como se vê, o ambiente no qual se recria a discussão é misto: estão presentes de forma significativa defensores quer da parte democrática quer da oligárquica, e ambos são criticados por Sócrates. Com efeito, o programa político central da *República*, o famoso "comunismo" platônico que Sócrates expõe no diálogo, é expressão de uma visão política revolucionária que não se identifica nem com o programa democrático nem com o oligárquico que se combatiam dramaticamente naqueles anos turbulentos da história interna de Atenas e das outras cidades da Grécia. Também é sintomático o fato de que duas personagens do diálogo, Polemarco e Sócrates, aliados na polêmica contra Trasímaco, sejam ambos vítimas da repressão política: Polemarco por obra da repressão antidemocrática dos Trinta Tiranos em 404, Sócrates por obra da repressão da democracia restaurada em 399.

II Capítulo

2. Livro I (327a-354c: Sócrates discute com Céfalo, Polemarco, Trasímaco e Gláucon)

O velho Céfalo inicia a discussão, com palavras de cortesia dirigidas a Sócrates, falando das desvantagens e das vantagens da velhice, defendendo que a riqueza ajuda a suportar a velhice. Sócrates pergunta-lhe em que medida a riqueza pode ajudar o sábio a comportar-se honestamente e com justiça. Céfalo responde que o maior bem que deriva da riqueza é não dever cometer ações injustas e não ficar em dívida para com deuses e homens. Sócrates replica que não se pode identificar a justiça com a devolução do que se recebeu, dando o exemplo de um amigo que empresta as armas a outro e depois, enlouquecido, as pede de volta: será justo devolvê-las? Na verdade, o que é a justiça? Polemarco defende a tese de que ela é querer dizer sempre a verdade e devolver a outrem o que lhe é devido, por outras palavras, fazer bem ao amigo e mal ao inimigo (327a-332b). Sócrates objeta então que é preciso distinguir os que são realmente amigos dos que parecem tais, para evitar prejudicar quem parece inimigo e na realidade é amigo: na verdade, o homem justo não deve prejudicar nem fazer mal a ninguém. Por toda a discussão, Trasímaco procurara mais do que uma vez intervir. Numa pausa da discussão, "como um animal feroz, atirou-se para cima de nós como se nos quisesse dilacerar". Trasímaco, cujo nome em grego significa precisamente "audaz em batalha", critica Sócrates por saber apenas interrogar, refutar, e fugir, com a sua habitual ironia, ao pedido de quaisquer definições. Mas Sócrates não pode responder porque não sabe e, portanto, pede que seja Trasímaco a dar a definição de justiça. Trasímaco não foge e dá a sua definição: a justiça é "o útil do mais forte", e por mais forte entende-se o governo que detém o poder numa cidade (332b-339b). Sócrates: o mais forte também pode enganar-se, por isso, obedecer-lhe pode significar prejudicá-lo e não fazer aquilo que lhe é útil. Trasímaco: quem governa, enquanto governa, não pode enganar-se, como não se engana o artesão, dado que é competente na sua técnica. Sócrates: cada técnica tem como objetivo não a própria utilidade, mas a utilidade do seu objeto: assim, o médico visa o útil do doente, o pastor, o útil dos seus rebanhos. Trasímaco: tu pensas que os pastores e os boieiros procuram o bem do rebanho ou dos bois, e estás tão longe de entender o que é o justo e a justiça, o injusto e a injustiça, que ignoras que a justiça e o justo na realidade são "um bem alheio", isto é, são a utilidade de quem é mais forte e detém o poder, e o dano exatamente de quem obedece e é dominado. Pelo contrário, a injustiça comanda a ingenuidade dos justos e os súditos fazem o útil de quem é mais forte, e ao servi-lo, tornam-no feliz, mas certamente não se tornam felizes. A injustiça perfeita é a que dá a quem a comete a máxima felicidade, e dá a quem a sofre e não a quer praticar a máxima desventura. Esta é a tirania: quando se descobre alguém a cometer uma injustiça qualquer individualmente, essa pessoa é presa e coberta de desonra. Mas quando um homem, além das riquezas dos cidadãos, se apropria também dos cidadãos e os reduz à escravidão, em vez de ser chamado com um nome vergonhoso, é dito feliz e bem-aventurado. Porque os que criticam a injustiça fazem-no não porque temam agir injustamente, mas por medo de sofrer essas ações

(339b-351a). Sócrates: a injustiça perfeita não pode existir, porque qualquer que seja a 'agregação' em que ela se gere, torna-a incapaz de agir devido aos conflitos interiores e às dissensões. Quando dizemos que algumas pessoas, mesmo sendo injustas, cumpriram eficazmente uma ação qualquer em comum, não dizemos uma coisa verdadeira, porque essas pessoas não teriam conseguido evitar agredir os outros e serem agredidas por eles se na realidade fossem *totalmente* injustas. É claro que, no fundo, havia neles um certo grau de justiça que os impedia de fazerem injustiça uns aos outros. Ora, o que temos que verificar é se os justos vivem melhor do que os injustos e se são mais felizes. Na minha opinião, conclui Sócrates, parece que é assim. O homem justo vive bem e o injusto, mal. E quem vive bem é bem-aventurado e feliz, o contrário para quem vive mal. Portanto o justo é feliz, o injusto é desventurado; mas ser desventurado não é vantajoso, pelo contrário, ser feliz, sim. De qualquer maneira, enquanto não souber o que é a justiça, não se pode saber se é uma virtude ou não, e se quem a possui é infeliz ou feliz (351a-354c).

3. Livro II (357a-383c: Sócrates discute com Gláucon e Adimanto)

Os dois irmãos intervêm na discussão, declarando que Sócrates, nas respostas a Trasímaco, não os persuadiu completamente sobre o fato de que o justo é melhor que o injusto. Gláucon especifica que existem três espécies de bens: os que se desejam por si mesmos, como, por exemplo, a alegria e os prazeres que dão só alegria; os que se desejam quer por si mesmos, quer pelas vantagens que nos dão, como, por exemplo, a saúde e a inteligência; os que se desejam não por si mesmos, mas pelas vantagens que nos dão, como, por exemplo, ser curados em caso de doença e exercer as atividades que dão riqueza material. Nestas três espécies, onde está a justiça? Segundo Sócrates, na segunda, mas segundo a opinião comum, que Gláucon está a defender, a justiça está na terceira espécie (357a-358a). Gláucon afirma que se deve procurar a origem da justiça como tentativa de encontrar uma via intermédia entre o que por natureza é melhor e procurado por todos, isto é, praticar a injustiça sem sofrer as consequências, e o que por natureza é pior, isto é, sofrer injustiça sem poder vingar-se. Dado que se mostra evidente que o justo tem uma vida infeliz e o injusto uma vida feliz, é preciso examinar em profundidade a figura do homem completamente justo e a do homem completamente injusto (358a-361d). Adimanto intervém, defendendo que o que se busca não é ser justo, mas a *reputação* de ser um homem justo, pelos bens que oferece nesta vida e na outra. Na verdade, a opinião da maioria e a opinião dos poetas reforçam a convicção de que conquistar a justiça é difícil e cansativo, conquistar a injustiça é fácil e agradável, e que por isso para os homens é melhor *a injustiça mascarada de justiça*, porque mesmo os deuses são indulgentes para com os homens que se dirigem a eles com preces e sacrifícios. Portanto, Sócrates, em vez de falar de maneira abstrata da superioridade da justiça, demonstre qual é o efeito da justiça e o da injustiça, e só depois poderá afirmar que a justiça é um bem e a injustiça, um mal (361d-367e). Sócrates, após ter exaltado Gláucon e Adimanto não tanto pelo que disseram, quanto pelo fato de terem demonstrado concretamente na sua vida, com as ações, não considerar a injustiça superior à justiça, propõe que se examine o que é a justiça num quadro mais amplo do que o do indivíduo, isto é, que se examine a justiça na cidade. Com efeito, a cidade nasce pelo fato que nenhum homem basta a si mesmo, mas tem muitas necessidades: comida, habitação, vestuário. Se nesta cidade primitiva cada homem desempenha só a atividade para a qual é predisposto, nascem espontaneamente as categorias dos artesãos, dos comerciantes e dos soldados (367e-372c). Gláucon requer uma cidade mais rica e com maiores confortos, e então Sócrates afirma que é preciso ampliar as categorias dos cidadãos, por exemplo, a dos que se dedicam exclusivamente à guerra e à defesa da cidade: estes são os guardiões. Eles devem possuir dotes de mansidão e ao mesmo tempo de animosidade, tal como o cão de guarda de raça nobre. Mas o guardião também deve ser filósofo, isto é, desejoso de aprender e capaz de distinguir quem é amigo de quem não é: deve ter uma boa educação (372c-376e). A educação deve ser do homem completo, do seu corpo e da sua alma: a alma deve ser educada com a música (por educação musical se entende a literária: os poemas, as poesias, na Grécia, eram sempre acompanhadas por música), o corpo com uma boa educação física. Da educação musical eliminam-se todas as fábulas míticas narradas pelos poetas, que são falsas e dão uma imagem de deuses e heróis sujeitos às mesmas maldades e aos mesmos vícios que pertencem aos homens (376e-378e). Os discursos poéticos devem representar os deuses como realmente são, baseando-se em duas regras. A primeira é que a divindade é boa e, por isso, é causa só de bens e não de males; a segunda é que a divindade não muda porque é perfeita. Portanto, os deuses não enganam e não são falsos nem com palavras nem com ações: é necessário proibir aos poetas que apresentem as divindades como enganadoras e mentirosas (378e-383c).

4. Livro III (386a-417b: Sócrates discute com Adimanto e Gláucon)

Se se devem educar os guardiões na coragem, é necessário eliminar da sua educação musical todos os mitos e as poesias que causam medo da morte, especialmente se forem belos, tal como é preciso eliminar as poesias que representam os heróis e os deuses a chorar ou a sofrer, ou que os representam como seres intemperantes e ávidos. Tudo isto é mentira, e só os governantes, ou os médicos, têm o direito de mentir no interesse dos governados, ou dos doentes. De fato, a educação musical deve suscitar a temperança nos guardiões (386a-391c). Mas só depois de se ter definido a justiça se poderá dizer como deverão ser os discursos e as poesias de uma nova educação musical. Com efeito, existem três formas de obra literária: a forma narrativa simples, a imitativa e a mista, isto é, que deriva da combinação das duas primeiras. A forma narrativa mista é a dos poemas em que o poeta fala na primeira pessoa, mas depois reproduz os discursos feitos pelas suas personagens como se fossem elas a falar (é o caso, por exemplo, dos poemas homéricos e de todos os poemas épicos); a narração imitativa é aquela em que o poeta representa um discurso como se fosse outra pessoa, plasmando a linguagem ao feitio da personagem o mais possível (é o caso, por exemplo, das tragédias e das comédias); por fim, a narração simples é aquela em que é sempre o poeta a contar na primeira pessoa (é o caso, por exemplo, da poesia lírica). E é oportuno que os guardiões não se dediquem à imitação, a não ser no caso de ditos e ações de homens honestos (391c-396e). Portanto, para o poeta imitador não haverá lugar na cidade perfeita, tal como dever-se-á expulsar da educação dos guardiões todas as melodias e harmonias que não lhes convêm, como as chorosas, as lânguidas e afeminadas, e consentir apenas as que causarem firmeza e comportamento temperante. Em suma, todos os artistas e os poetas devem imitar só o bem e o belo, e toda a educação se deverá adequar a um ideal de beleza, honestidade, harmonia e elegância, porque o fim último da educação musical é precisamente o amor pelo belo (396e-403c). Também a educação do corpo, a ginástica, deve visar o mesmo fim. A ginástica deve estar intimamente relacionada à medicina. Faz-se, portanto, uma exaltação da medicina primitiva e uma condenação da contemporânea: não se devem manter em vida por muito tempo os corpos doentes e os que não podem desempenhar as suas funções, seria um dano quer para o doente quer para a cidade. A educação do corpo deve visar mais a força moral do que a física para fazer com que os guardiões alcancem a temperança e o equilíbrio (403c-411a). Agora trata-se de determinar, no interior desta classe de guardiões, quais são os indivíduos que devem governar e quais os que devem obedecer. Os que estão destinados a governar são os melhores entre os anciãos, que deverão ter inteligência, autoridade, amor e cuidado pelo bem da cidade e de todos os cidadãos. Por isso, será necessário distinguir, no interior da categoria dos guardiões, os perfeitos guardiões dos guardiões mais jovens, que podem ser definidos *auxiliares* e *tutores* dos decretos dos governantes (411a-414b). Depois, para determinar a harmonia no interior da cidade e entre as várias categorias de cidadãos, será preciso dizer uma "mentira nobre", isto é, contar um mito. Trata-se do mito dos nascidos da terra. A mãe terra deu à luz todos os homens de uma cidade, e que portanto são todos irmãos, mas os deuses misturaram ouro junto com a terra para a geração dos que têm disposição para comandar, ou misturaram prata para os que têm disposição para defender a cidade, ou misturaram ferro e bronze para os agricultores e os artesãos. Os governantes devem compreender qual destes metais se encontra na alma dos filhos, seus e dos outros cidadãos. Se o filho de um governante tem em si ferro ou bronze, deve ser incluído na classe dos artesãos ou na dos agricultores; analogamente, se o filho de um agricultor ou de um artesão tem em si ouro ou prata, deve ser incluído na classe dos governantes ou na dos guardiões. E todos os guardiões, tendo ouro e prata nas suas almas, não poderão possuir ouro e prata "humanos": eles não terão propriedade privada e viverão em comum, porque só assim poderão salvar a si mesmos e a cidade. De fato, a propriedade privada é causa de submissão, cria senhores e súditos, em vez de irmãos e aliados (414b-417b).

5. Livro IV (419a-445e: Sócrates discute com Adimanto e Gláucon)

Adimanto: nesta situação, os guardiões, que têm o governo da cidade, mas não possuem nada, não viverão infelizes? Sócrates: o problema não é garantir a felicidade de uma só classe ou de um grupo de cidadãos, mas garantir a felicidade de toda a cidade no seu conjunto e, portanto, de todos os cidadãos. Na boa constituição não se deve permitir a extrema riqueza nem a extrema pobreza: a cidade deve ser una e não deve ter no seu interior "a cidade dos ricos" e "a cidade dos pobres". A cidade deve conservar sempre a sua unidade. Portanto, é fundamental a boa educação dos cidadãos, e os governantes devem dedicar-lhe muito cuidado, evitando, aliás, uma educação demasiado pormenorizada (419a-427c). Onde está a justiça numa constituição delineada desta forma? Na *kallípolis*, isto é, na cidade bela, na ótima constituição, estarão presentes as quatro virtudes para as classes que a constituem. A sabedoria é a virtude típica dos guardiões que têm o dever de governar; a coragem é a virtude típica dos guardiões que têm o dever de defender a cidade dos perigos externos e internos, no sentido que deverão fundamentalmente salvaguardar a boa opinião, fundada sobre a educação, sobre as coisas temíveis e não temíveis; a temperança é a virtude típica dos agricultores e dos artesãos, mas deve pertencer também às outras duas classes; por fim, a justiça é a virtude de todas as três classes. Ela consiste em "fazer aquilo que lhe é próprio", que significa cumprir o seu próprio dever específico na cidade; de fato, a injustiça é fazer demasiadas coisas e trocar de lugar dentro das várias classes (427c-434c). Uma vez encontrada a justiça na cidade, agora é preciso ver em que consiste a justiça de cada indivíduo. Ela será a mesma que a da cidade. Com efeito, a estrutura da alma de cada homem é análoga à da cidade, e uma depende da outra. Também a alma do homem está estruturada em três partes ou elementos: uma parte racional, uma parte impulsiva, uma parte desiderativa: a parte racional dirige a atividade de raciocinar, a parte impulsiva dirige as atividades afetivas, a parte desiderativa dirige as atividades da nutrição e da reprodução. A distinção é análoga à das três classes na cidade, porque à parte racional cabe comandar, e à impulsiva cabe aliar-se à racional para vigiar a desiderativa, que necessita de freio e de direção (434c-441c). Portanto, um homem será justo quando cada parte da sua alma dirigir a sua própria atividade e não procurar prevaricar com a outra; será injusto quando houver desacordo entre as três partes da sua alma. Sócrates: e com isto resolveu-se o problema da preferibilidade e utilidade da justiça relativamente à injustiça. Mas se o aspecto da virtude é único, os do vício são infinitos, e não é preciso mencioná-los a todos. Em geral, pode falar-se de cinco tipos de constituição, aos quais correspondem cinco tipos de alma: o primeiro é o que acabou de ser delineado e que se poderia chamar "reino", se for um só a governar, ou "aristocracia", se forem mais do que um a governar (aristocracia, em grego, significa "governo dos melhores") (441c-445e).

6. Livro V (449a-480a: Sócrates discute com Gláucon e Adimanto)

Enquanto Sócrates se prepara para enumerar os outros quatro tipos de constituição, Adimanto intervém pedindo esclarecimentos sobre a comunhão de mulheres e filhos, para que se explique a máxima, já enunciada por Sócrates, que "as coisas dos amigos são comuns". Sócrates fica perplexo, mas, também por convite de Trasímaco, consente, em três discursos que esclarecem o seu pensamento e que ele chama "ondas", exatamente para significar que o seu discurso se contrapõe a toda uma série de opiniões comuns bem consolidadas. Cada onda desenvolve-se em dois planos, a da bondade e a da preferibilidade da solução proposta, e a da possibilidade de a realizar (449a-451c). A primeira onda diz respeito à identidade de tarefas e de educação para o homem e para a mulher. De fato, ambos têm a possibilidade de desempenhar as mesmas funções na cidade, se tiverem as mesmas capacidades. E não vale a pena invocar a diferença "de natureza" entre o homem e a mulher: a diferença de sexo não implica uma diferença de atitudes, e quer um quer a outra podem desempenhar as mesmas funções, quando têm as mesmas capacidades (451c-457b). A segunda onda diz respeito à comunhão de mulheres e de filhos, pelo menos para as duas primeiras classes da cidade. Mesmo a união deve ser regulada de maneira a ser feita sempre entre os melhores, com vistas a uma boa prole, fazendo o necessário para que não se deem uniões entre consanguíneos. Todas as crianças serão educadas em comum em todas as fases do processo educativo, enquanto, com base na sua atitude, não forem destinadas a uma certa classe na cidade. Com isto se garantirá o máximo bem para a cidade e, por conseguinte, para todos os cidadãos que dela fazem parte. Tudo o que se disse até aqui será possível se se realizar uma condição, e esta constitui o assunto da terceira onda (457b-473b). A terceira onda diz respeito à possibilidade de os filósofos governarem a cidade, ou então de os governantes se tornarem verdadeiros filósofos. A aparente paradoxalidade desta solução desfar-se-á se se definir bem quem é o filósofo. O filósofo é o único que ama a verdade na sua totalidade e que é capaz de alcançar o verdadeiro conhecimento. É preciso distinguir ciência, opinião e ignorância: a ignorância é a falta de conhecimento, a ciência é o conhecimento das coisas que são, a opinião é intermédia entre as duas, isto é, conhecimento das coisas que são e que ao mesmo tempo não são. Portanto, os filósofos, ou seja, os amantes da sabedoria e do conhecimento, diferem dos filódoxos, isto é, os amantes da opinião (473b-480a).

7. Livro VI (484a-511e: Sócrates discute com Gláucon e Adimanto)

Portanto, é o filósofo que deve governar, porque é o único a conhecer as ideias, isto é, as realidades eternas e sempre semelhantes a si mesmas; além disso deve amar a verdade, ser sincero, temperante, magnânimo, afável, ter facilidade para estudar e ter harmonia interior. Adimanto: na realidade, os filósofos são pessoas extravagantes e inúteis para a cidade. Sócrates: isto acontece nas cidades existentes, nas cidades governadas por demagogos e que os obrigam a viver em tais condições. Nas cidades existentes há a possibilidade de corrupção até para as melhores naturezas; aliás, as melhores naturezas, quando se corrompem, tornam-se piores que os medíocres malvados. É impossível que a maioria dos homens seja filósofa e as naturezas filosóficas, no ambiente corrupto das cidades atuais, preferem ficar à parte, abstendo-se de tomar parte em uma política corrupta e cheia de compromissos (484a-497a). Portanto, nenhuma das constituições existentes convém à filosofia: só a cidade traçada anteriormente pode consentir aos filósofos desenvolver a própria obra, e há também a possibilidade que a própria maioria se convença de que a obra dos filósofos seja verdadeiramente útil para toda a cidade, razão pela qual é perfeitamente realizável uma cidade governada pelos filósofos (497a-502c).

É importantíssima a educação dos filósofos, para que eles possam enfrentar a mais alta disciplina. Ela tem por objeto a ideia do bem. É muito difícil definir o que é o bem, e talvez seja mais conveniente expor a questão por meio de uma imagem: a do sol. Há uma analogia entre o sol e o bem: tal como o sol, mesmo dando vida, cor e nutrição a tudo o que existe na terra, a todos os objetos sensíveis, não se identifica com eles, assim também o bem dá a verdade e a faculdade de conhecer, dá a todos os entes cognoscíveis a sua existência e o seu ser, mas não se identifica com nenhum deles, aliás, transcende-os em dignidade e em potência (502c-509c). É dado o exemplo da linha: há duas espécies de entes, os do mundo visível, sensível, e os do mundo inteligível, que constituem os dois segmentos em que se divide esta linha. Por sua vez, cada segmento divide-se em outros dois: o segmento do mundo sensível divide-se numa parte que compreende as imagens dos objetos sensíveis, e noutra que compreende os próprios objetos sensíveis. O segmento do mundo inteligível divide-se, por sua vez, numa parte que compreende os conceitos científicos, e noutra que compreende as ideias. Portanto há quatro tipos de objetos, aos quais correspondem quatro atividades cognitivas: a imaginação, a crença, o pensamento dianoético e a intelecção. Os primeiros dois constituem o mundo da opinião, os outros dois, o mundo da ciência e da verdade (509c-511e).

8. Livro VII (514a-541b: Sócrates discute com Gláucon)

A alegoria da caverna descreve o processo do filósofo que consegue elevar-se do mundo sensível pela visão das ideias: é exatamente esta visão que lhe permitirá depois descer de novo ao mundo concreto para governar os outros homens da melhor forma. Portanto, é muito importante a educação do filósofo, que comporta uma "conversão" do olhar na direção da ideia do bem. A educação deverá englobar a música, a ginástica, mas sobretudo as disciplinas que levam à aquisição da verdadeira ciência: a matemática, a geometria, a astronomia, a estereometria, a harmonia e as leis da combinação dos sons. Estas disciplinas deverão ser todas estudadas não por objetivos práticos, isto é, pela possibilidade que elas têm de poder ser de alguma utilidade prática nos afazeres comuns dos homens: assim, por exemplo, a matemática que os filósofos estudarão não será a que serve aos mercadores para que estes façam o seu comércio (514a-531c). Para os filósofos o topo destas aprendizagens é a ciência dialética, que termina no conhecimento do bem, que é o fim último do conhecimento. A dialética é portanto a coroação de todos os estudos. O dialético sabe dar provas de todas as coisas a si mesmo e aos outros (531c-535a). Mas como se escolhe o futuro dialético? Será necessário escolher aquelas naturezas bem dotadas de muitas qualidades: firmeza, coragem, beleza, nobreza de alma, agudeza e facilidade na aprendizagem, tenacidade, boa memória, amor pelo trabalho (535a-536d). Há, portanto, uma descrição pormenorizada do processo educativo dos futuros governantes, nas várias fases da sua vida: até os vinte anos, irão a cursos propedêuticos, sobretudo à base de ginástica; depois os melhores serão escolhidos para cursos de aprendizagem das várias ciências, por dez anos. Aos trinta anos, os melhores serão direcionados cuidadosamente para o estudo da dialética: de fato, também a dialética sofre "doenças", que consistem principalmente no mau uso dos discursos e da refutação. Dos trinta e cinco aos cinquenta anos eles "voltarão à caverna" e farão a experiência prática do governo da cidade. Aos cinquenta anos, os melhores, por sua vez, governarão a cidade, dedicando o resto do tempo à filosofia. E isto vale quer para os homens quer para as mulheres que tiverem sabido demonstrar que possuem todas as qualidades necessárias: portanto, as coisas que se disseram sobre a cidade e sobre a sua ótima constituição não são utopias, são coisas difíceis de realizar, mas não impossíveis (536d-541b).

9. Livro VIII (543a-569c: Sócrates discute com Gláucon e Adimanto)

Após uma breve recapitulação do que se disse até aqui, volta-se à discussão das quatro formas de constituição a que se tinha feito menção no fim do livro IV: a cada forma de constituição corresponde um tipo de homem. As quatro formas são a timocracia, a oligarquia, a democracia e a tirania. Por conseguinte, da degeneração da "cidade bela", gera-se em primeiro lugar a cidade timocrática. A *timocracia* é uma forma constitucional em que os direitos e os deveres do cidadão são estabelecidos com base no censo e portanto é caracterizada por uma explícita ambição e por um obscuro amor pelo dinheiro. Ela é dominada por homens nos quais prevalece a parte impulsiva da sua alma (543a-550c). Quando o amor pelo dinheiro prevalece sobre todas as coisas, a cidade timocrática transforma-se em cidade oligárquica (*oligarquia* significa literalmente o governo de poucos), em que poucos ricos governam a multidão pobre. Por isso, fundamentalmente, ela está dividida em duas: a cidade dos ricos e a cidade dos pobres. Também no homem oligárquico prevalece a parte impulsiva da alma, mas nele manifestam-se também caracteres aparentemente contraditórios, tais como estar empenhado nos negócios e ser parcimonioso. Da cidade oligárquica passa-se para a cidade democrática, em geral, graças a uma revolta das classes mais pobres (*democracia* significa poder do povo). O homem democrático caracteriza-se pelo prevalecer do elemento desiderativo da sua alma. A liberdade torna-se anarquia: prevalecem os desejos mais diversificados, não só aqueles ligados à necessidade da vida, mas também os mais supérfluos, e há a tendência geral de os satisfazer por qualquer meio. Por conseguinte, domina a liberdade mais desenfreada e anárquica e esta é a causa de a cidade democrática ser a cidade em que os homens são servos das próprias paixões, e onde se consolidam as diferenças entre os cidadãos ricos, os parasitas e os mais pobres (550c-564e). Passa-se então para a cidade tirânica (a *tirania* é um regime em que há o absoluto domínio de um só homem). Esta cidade nasce porque o povo escolhe um protetor contra os ricos sempre mais prepotentes. Numa primeira fase, o tirano faz muitas promessas, em particular e em público, afirma querer eliminar as dívidas, querer distribuir a terra pelos mais pobres etc. Mas este protetor cedo se torna o absoluto senhor da cidade; para manter o povo sob controle, tem de conservar continuamente a cidade em estado de guerra; afirmando a existência de um espectro de inimigos externos e internos, circunda-se de pessoas vulgares que o seguem sempre e que o adulam, embora não se fie neles, e no final mostra abertamente aquilo que é: um homem que pensa unicamente no poder e no seu bem-estar individual, ele próprio escravo das suas paixões e dos servos que lhe permitem manter a sua posição. A consequência é que o povo, para se libertar da escravidão de outros homens livres, cai na pior escravidão: ser escravo de escravos (564e-569c).

10. Livro IX (571a-592b: Sócrates discute com Adimanto e Gláucon)

Dialoga-se ainda sobre o homem tirânico. Em cada homem há uma espécie de desejos tremendos, desenfreados e contrários à lei, mas no homem sábio estes desejos são controlados pelas leis e pelos desejos melhores ajudados pela razão, enquanto que no tirano aqueles se impõem sem qualquer lei. A este homem não falta loucura ou vergonha. Sob o impulso de um amor desregrado e da cupidez, o homem tirânico faz toda a casta de maldades contra a família, os outros homens e a cidade. Entre a "cidade bela" e a cidade tirânica existe a mesma relação que entre a suma felicidade e a suma infelicidade. E isto consegue vê-lo claramente quem não se deixa ofuscar pela aparência e pela pompa propagandística que circunda o tirano, mas consegue entrever com o pensamento os caracteres do homem e da cidade (571a-577a). A cidade governada pelo tirano é, pois, sumamente escrava e pobre, como escravo e pobre é quem se deixa dominar pelos próprios desejos desenfreados: pobres, insaciáveis, cheios de medo, desventurados, maus e infelizes são estes homens e estas cidades governadas por tiranos (577a-580c). Com efeito, às três partes da alma correspondem três espécies diversas de prazeres: superioridade do filósofo e dos prazeres da parte racional, quando esta prevalece sobre as outras duas – há prazeres ligados à purificação das dores e prazeres que não purificam; prazeres puros e prazeres misturados às dores; superiores a todos os tipos de prazer são os prazeres do conhecimento próprios dos filósofos. Há uma distância enorme entre o filósofo-rei e o tirano, mesmo no que diz respeito à felicidade: o filósofo ou qualquer homem que siga o elemento filosófico da alma, conseguindo eliminar de si mesmo a discórdia e cumprindo os seus deveres naturais, goza dos prazeres melhores e mais verdadeiros. O número 729 exprime a distância entre este tipo de homens e os homens tirânicos: de fato, 729 é a soma dos dias e das noites de um ano; como se se dissesse por todo o ano, sempre (580c-592b).

11. Livro X (595a-621d: Sócrates discute com Gláucon)

Volta-se a discorrer sobre a poesia e a imitação, distinguindo três níveis de realidade: o das ideias, o dos objetos sensíveis e o das imitações. E dá-se o exemplo do cama: há a ideia do cama, há o cama sensível que é obra do carpinteiro e há a representação do cama feito pelo artista. O poeta e o pintor, portanto, são os imitadores do cama sensível: em geral, a arte não imita as coisas que são como são, isto é, em si mesmas, as ideias das coisas, mas imita as coisas que são tal como aparecem ao artista, ou seja, as representações dos objetos. Logo, a arte é imitação da aparência e não da verdade e, por isso, está três vezes longe da verdadeira realidade (595a-598d).

Além disso, o artista não conhece os objetos que imita nem sequer tem uma opinião correta deles. É dado o exemplo de Homero: ele não pode gabar-se de ter tornado melhor com a educação nenhum homem nem melhor nenhuma cidade com as suas constituições; na sua vida não guiou nenhuma guerra como general ou estratega; não inventou nada em nenhum campo da técnica. Numa palavra, não foi capaz de educar ninguém, é imitador de imagens de virtude e não alcança por nenhum meio a verdade. Portanto, a arte é produtora de ilusões e, em geral, dirige-se às partes inferiores da alma. Por isso, há uma "antiga discórdia" entre a filosofia e a poesia, e a arte deve ser banida da cidade, pelo menos enquanto ela não for capaz de demonstrar a sua utilidade à vida ordenada da cidade (598d-608b). Em seguida, passa-se à discussão sobre os prêmios que cabem à alma quando é virtuosa, em vida e depois da morte. A alma é imortal porque não morre nem pelo mal que lhe é próprio, a injustiça, nem pelo mal que lhe fazem os elementos estranhos como, por exemplo, o corpo. Além disso, a alma é composta de modo perfeito e harmonioso e também por este motivo é imortal, mas a sua natureza pode ser contemplada na sua pureza somente quando está separada do corpo, como a natureza de Glauco (um pescador da Beócia que, depois de ter comido uma erva mágica, desceu até as profundezas do mar e tornou-se uma divindade marinha) não pode ser a que aparece no fundo do mar, com os membros corroídos e desfigurados pelas ondas, cobertos de conchas, algas e seixos: pelo contrário, é preciso olhar para o seu verdadeiro ser e para o seu amor pela sabedoria, para reconhecer a sua divindade (608b-612a). Com efeito, os prêmios concedidos pelos deuses e pelos homens à virtude e à justiça obtêm-se já nesta vida, mas muito maiores serão depois da morte. Para convencer os homens disto, também o mito de Er pode servir. Ele era um valoroso herói morto em batalha que, no 12° dia após a sua morte, ressuscitou e contou o que vira no Hades, isto é, no além. Contou que as almas, depois da morte, são submetidas a um julgamento e recebem, consoante o tipo de vida que tiveram, prêmios ou punições; e penas particularmente graves estão previstas para os tiranos. Passado um ciclo de tempo no além, as almas reencarnam, escolhendo a futura vida que terão, sendo cada alma responsável pela escolha que faz, porque a alma torna-se necessariamente diferente consoante a vida que escolhe ter. Por isso, é preciso prestar muita atenção às escolhas que se fazem, nesta vida e no Hades. Este é o mito, conclui Sócrates, e ele poderá salvar-nos também, se acreditarmos nele: é preciso escolher sempre uma vida que não suje a nossa alma, cultivando a justiça e a inteligência, e assim viveremos felizes neste mundo e no Hades (612a-621d).

III Capítulo

12. A justiça no homem: a alma e a cidade

O problema mais importante para uma vida ordenada da cidade é certamente o da justiça. Com efeito, a justiça é o que regula as relações dos homens no interior de uma comunidade. Trata-se do problema *político* mais relevante. Mas a tática genial de Platão, na *República*, consiste em ligar fortemente a perspectiva política à do indivíduo: não se pode instaurar uma nova política na cidade sem transformar completamente os homens que nela vivem; e, vice-versa, uma nova educação dos homens não pode senão comportar uma nova ordem política. É um programa completo o que se traça na *República*, conjuntamente político e pedagógico, e que se pode definir *revolucionário* em relação à política e à educação tradicionais da Grécia de seu tempo, mas, ao mesmo tempo, conserva elementos doutrinários também no nível do pensamento, que terão uma enorme importância na nossa cultura, até os nossos dias.

O problema é esquematizado no livro I, mas constituirá praticamente o fio condutor de todo o diálogo. Ele é introduzido com as considerações de Céfalo, que observa que na velhice, quando diminuem os prazeres do corpo, aumentam os da alma (I 328d). De certa forma, Sócrates provoca-o, dizendo que para Céfalo é fácil falar assim, porque ele é um homem rico. Ora, de que modo as riquezas o ajudaram a ser um homem moderado e justo? Céfalo responde que a riqueza ajuda a não se ficar em dívida para com ninguém, deuses e homens e, por conseguinte, a dar a cada um o que lhe é devido (I 331b). Mas Sócrates replica que a justiça não pode consistir simplesmente em dizer a verdade e em devolver o que se recebeu: se um amigo são te confia as suas armas e depois, enlouquecido, pede-as de volta, certamente não é justo nem dizer-lhe a verdade nem devolvê-las (I 331c-d). Polemarco intervém na discussão, defendendo a tese do pai e fornecendo como prova alguns versos do poeta Simônides. Mas face às críticas de Sócrates redefine a justiça como *fazer bem ao amigo e mal ao inimigo* (I 335a). Só que esta definição também não é satisfatória, porque *a justiça é uma virtude* e deveria consistir em tornar melhores os homens. Como fazer mal ao próximo torna sempre pior quem o faz e é, por conseguinte, uma injustiça, concluir-se-ia que ao fazer uma injustiça se seria justo, o que é um absurdo (I 335b-336a).

Mas aqui intervém Trasímaco (I 336b). Com violência verbal, como um animal feroz, afirma que tudo o que se disse é um monte de parvoíces, e que Sócrates está muito longe de ter definido a justiça, porque como é habitual, só sabe refutar e nunca responde diretamente. Após a habitual defesa de Sócrates, isto é, que ele não sabe e que espera que os outros o ensinem, e por isso espera aprender de Trasímaco, que é um sábio, Trasímaco oferece a sua primeira definição, afirmando que a justiça não é outra coisa senão "o útil (*symphéron*) do mais forte" (I 338c). De fato, quem governa fá-lo sempre para a própria utilidade, em qualquer tipo de governo e, por conseguinte, o justo é sempre a mesma coisa: o útil de quem detém o poder.

Sócrates enfrenta esta definição de diversos pontos de vista, e até os outros presentes intervêm na discussão. A principal objeção que Sócrates faz a Trasímaco é que, se é justo para os governados obedecer às leis, os governantes não são infalíveis, e podem por isso, sem querer, fazer leis que sejam para eles um dano (339a-340d). De fato, a objeção é fraca e Trasímaco não tem problemas em refutá-la com um argumento rigoroso: quem governa possui a ciência do governo, e, como todos os que possuem uma técnica, não pode enganar-se *quando a aplica*; se se engana, não é mais um técnico, e portanto governante, enquanto tal, isto é, enquanto possui e aplica a sua técnica, não pode enganar-se (I 340d-341a).

Igualmente, a segunda objeção de Sócrates é fraca: quem possui uma arte visa a utilidade do próprio objeto e não a própria utilidade: assim o médico visa a utilidade do doente, o piloto, a utilidade dos passageiros do navio, e também o governante, se é um técnico, visa a utilidade dos governados (I 341b-342e). Também aqui Trasímaco tem facilidade em refutar a objeção socrática, ironiza Sócrates, acusando-o de não ter nenhuma percepção da realidade das coisas: "diz-me, Sócrates, tens uma ama? Não vê que estás com o nariz escorrendo e não o assoas quando é preciso?". Sócrates por ventura acredita que pastores e boieiros visem o bem das ovelhas e dos bois com um objetivo diferente do bem dos donos? A justiça e o justo são, na realidade, um "bem alheio", isto é, a utilidade de quem é mais forte e governa, enquanto que são um dano para quem obedece. Quem é hábil a submeter os outros aplica a injustiça absoluta, que torna sumamente feliz quem a comete e sumamente infeliz quem a sofre, e o exemplo clássico é a tirania. De fato, se um só cidadão é surpreendido a cometer atos injustos, é punido e recebe os títulos mais desonrosos. Mas se um tirano se apodera dos bens dos concidadãos e até mesmo deles, em vez de receber torpes títulos, é chamado feliz e bem-aventurado: "Quem critica a injustiça o faz não porque teme cometer ações injustas, mas porque teme sofrê-las" (I 343a-344c).

As objeções de Sócrates, neste ponto, desenvolvem-se em vários níveis:

1. em cada arte, é preciso distinguir dois aspectos: na medicina, por exemplo, a arte médica deve visar o bem do doente; depois, que o médico peça um honorário é algo que não concerne à arte médica enquanto tal, mas a outra arte, aquela, por assim dizer, mercenária. Mesmo o político, ao exercer a arte política, faz o bem dos governados e não o seu próprio bem, e o seu pagamento não é dinheiro, mas honras, se governar bem, e castigos, se não o fizer (I 344d-347e);

2. o justo nunca quererá submeter outro justo, mas no máximo o seu dissemelhante, isto é, o injusto. Ao invés, o injusto há de querer submeter quer o seu semelhante quer o seu dissemelhante, portanto, o justo é sábio e bom, enquanto que o injusto é ignorante e mau (I 349b-350e);

3. nunca poderá existir uma cidade, ou um exército, ou uma quadrilha de bandidos e ladrões "absolutamente injusta", porque se é verdade que a injustiça consiste em fazer surgir em qualquer lugar ódio e discórdia, uma sociedade de ladrões, em que não existisse um pouco de justiça, não poderia existir: se todos fossem absolutamente injustos no interior de um grupo qualquer, não poderiam sequer agir (I 351a-352d);

4. cada coisa tem uma função própria, na qual consiste a sua virtude: a função dos olhos, por exemplo, é a de ver, e a sua virtude consiste precisamente em exercer aquela função. Isto vale também para a alma, cuja função é a de governar o corpo e, por isso, a sua virtude é a justiça, que consiste em bem governar: por isso, o justo viverá bem e será feliz, enquanto que o injusto viverá mal e será infeliz (I 352d-354c).

Encerra assim o livro I. Como se vê, a questão de saber o que é a justiça não foi resolvida, como, de resto, reconhece também Sócrates, quando diz que, em vez de definir a justiça, se pôs a examinar se ela era um vício e ignorância ou então sabedoria e virtude (I 354b). De fato, neste livro, a posição forte e rigorosamente demonstrada é a de Trasímaco, que se manteve ao nível de Sócrates em todos os passos argumentativos; por outro lado, Sócrates não conseguiu refutar com argumentos rigorosos as respostas do sofista, e não fez outra coisa senão afirmar, mais do que demonstrar. Com efeito, contrapôs às afirmações de Trasímaco as suas afirmações, que poderíamos dizer "de princípio", sem usar a verdadeira refutação. Por vezes fazendo distinções algo extrínsecas, como as que citamos no ponto 1, outras vezes construindo raciocínios de princípio, de caráter geral, que nada têm a ver com as objeções de Trasímaco, como nos pontos 2 e 4, e retirando delas conclusões apressadas e, sobretudo, não demonstradas. A única observação que se baseia sobre um dado "de fato" é a do ponto 3, observação correta, mas que mais uma vez não está encadeada numa argumentação rigorosa e consequente.

Mas a questão reside exatamente aqui. Trasímaco demonstrou as suas teses com base numa precisa observação da realidade: as suas afirmações são o reconhecimento de uma realidade de fato, na qual é evidente a todos que quem governa trabalha para si mesmo e não para a utilidade dos governados, se não *per accidens* e ainda assim sempre para manter melhor o próprio poder. Portanto, aquilo a que se chama justiça nas sociedades e nas cidades reais, é precisamente a utilidade de quem manda, e não de quem obedece: de fato, os injustos vivem melhor e mais felizes do que os justos. Sócrates não fez outra coisa senão opor a esta consideração "de fato" observações gerais e de princípio. Mas parece claro que não se podem refutar fatos simplesmente afirmando princípios: é preciso primeiro explicar todas as razões dos fatos e depois demonstrar como podem os princípios traduzir-se na realidade. É precisamente o que Platão fará nos livros sucessivos.

12.1. Opiniões comuns e organização política baseada sobre a desigualdade

Portanto, as questões que se expõem são duas: 1) dar conta de como se chegou à cidade corrupta do presente, e 2) demonstrar a necessidade e a bondade de uma nova constituição, e não fazer apenas contraposição de discursos gerais e abstratos. Isto significa também demonstrar como é possível passar realmente dos princípios à realidade. É o que Platão delineia na *República*, um verdadeiro programa revolucionário em relação à realidade existente. Naturalmente, não se trata de um programa político de um partido, tal como o entendemos hoje, mas isto não significa que se trata de uma visão abstrata da política, mas sim daquele *enquadramento teorético* de um programa político que deveria subjazer a cada programa de ação *política* concreta.

Antes de fazer Sócrates enfrentar as duas questões, Platão introduz dois longos discursos das personagens Gláucon e Adimanto, que, embora à primeira vista pareçam interromper o desenvolvimento do discurso tal como fora delineado, apresentam, porém, elementos importantes para uma consideração mais vasta do problema político, elementos que serão também desenvolvidos durante o diálogo.

É o próprio Gláucon a esquematizar o discurso que fará (II 358b-362c): "primeiro direi o que é a justiça e qual a sua origem segundo a opinião comum; em seguida que todos a praticam contra vontade, porque são obrigados e não porque creiam que ela seja um bem; por fim, a consequência, e porque é que, segundo eles, é muito melhor o modo de vida do injusto do que o do justo" (II 358c). *a)* Pois, para Gláucon os homens pensam que cometer injustiça é por natureza um bem, sofrê-la, um mal; depois apercebem-se de que para eles é mais vantajoso chegar a um acordo para não sofrerem injustiça recíproca e, por conseguinte, criam leis e chamam justiça àquilo que é estabelecido por lei. Gláucon defende que ele não diz isto, mas que esta é a opinião comum. É surpreendente ver como neste passo Platão está a pré-anunciar em poucas linhas aquilo que será a teoria contratual do estado elaborada nos séculos XVII-XIX, a partir de Hobbes. *b*) O segundo ponto é demonstrado por aquilo que nós hoje chamaríamos uma simples "experiência mental", que Gláucon retira de um antigo conto, citado também por Heródoto (I 8-14), com algumas variantes: Giges, um pastor ao serviço do príncipe da Lídia, encontra casualmente um anel que torna invisível quem o usa. Aproveitando-se desta qualidade, ele introduz-se na corte do príncipe, seduz-lhe a mulher e mata-o. E isto prova que ninguém é justo espontaneamente, mas apenas porque é obrigado. Em privado, todos pensam que a injustiça é mais vantajosa do que a justiça. *c*) Também o terceiro ponto é demonstrado através de uma experiência mental, isto é, considerar a justiça e a injustiça ao máximo grau. Então concluiremos que o cúmulo do homem injusto consistirá em fazer todas as suas injustiças apresentando-se e parecendo, aos olhos da maioria, como um homem justo. Analogamente, o cúmulo do justo será, mesmo não cometendo injustiça, o de parecer injusto. O que significa que é necessário não ser, mas parecer, justos.

O discurso de Adimanto (II 362d-367e) é como uma glosa ao do irmão e expõe-se com abundância de citações poéticas, de Hesíodo, de Homero e de Simónides de Céos. Após ter defendido que na verdade quem diz que é necessário ser justo não elogia a justiça em si mesma, mas apenas a boa reputação que daí deriva, Adimanto afirma que praticar a justiça é difícil e cansativo, enquanto que praticar a injustiça é fácil e agradável: por isso, se alguém é justo sem o parecer, não obtém nenhuma vantagem, se pelo contrário é injusto, mas parece justo, vive uma vida divina. Portanto, ninguém é justo porque o quer ser, mas somente porque é incapaz de cometer injustiça. Eis por que Adimanto gostaria que Sócrates demonstrasse não de forma abstrata, mas concretamente, porque é que a injustiça é um mal e a justiça é um bem.

Os discursos dos dois irmãos, além de darem ênfase à ineficácia das "demonstrações" feitas até aqui por Sócrates, mostram quão enorme era o peso que elas tinham, já na sociedade ateniense da época, e quanto as opiniões comuns influenciavam personagens intelectualmente dotadas, como os irmãos de Platão. Opiniões comuns que, por sua vez, não eram senão o reflexo de uma organização social e política baseada na desigualdade, na violência e, por conseguinte, na força do "parecer" em relação ao "ser". Numa palavra, uma sociedade em que precisamente a questão da justiça demonstrava que já se tinha criado um abismo entre o que era proclamado oficialmente – a justiça, a liberdade etc. – e a concreta *práxis* política, feita de subjugações, de violências etc.

12.2. A cidade primitiva e a cidade opulenta

Sócrates aprecia a sinceridade dos irmãos e apresta-se a satisfazer os seus pedidos. Com efeito, pode-se considerar o resto do diálogo uma "resposta" de Sócrates às questões levantadas do livro I até este ponto, embora naturalmente muitas outras importantes questões venham a ser enfrentadas. Porém, no que diz respeito às duas questões que mencionamos no parágrafo anterior, poderíamos considerar os livros II a VII um bloco único, onde se desenha uma "história" da cidade, das suas origens até à futura cidade, precisamente a que constitui a *kallípolis*, a "cidade bela" desejada por Platão. Poderíamos também resumir esta "história" no seguinte esquema: *a)* a cidade primitiva (II 369b-372e); *b)* a cidade opulenta (II 372e-376e); *c)* a cidade educada (II 376e-IV 445e); *d)* a cidade dos filósofos (V 449a-VII 541b).

a) A cidade primitiva. A cidade nasce "porque cada um de nós não basta a si mesmo, e tem muitas necessidades" (II 369b5-8), começando pela comida, o vestuário e a habitação; necessidades estas que não pode satisfazer sozinho. Os homens reúnem-se em comunidades, no interior das quais surge uma primeira "divisão das tarefas", baseada na disposição natural de cada indivíduo para cumprir certas ações: "cada um de nós nasce por natureza completamente diferente de outro indivíduo, com diferentes disposições, uns para uma dada tarefa, outros para outra" (II 370a8-b2). E aqui Platão enuncia aquilo que será o princípio fundamental também para a organização da futura cidade: *ta hautôu práttein*, expressão que no grego tem muitos significados, a saber, de *importar-se apenas com os seus interesses* a *ocupar-se das coisas que se sabe fazer*. Aqui, com base no contexto deste passo, mas também na continuação do discurso de Sócrates, significa *cumprir as obras para as quais se está disposto, com base na própria natureza*. De fato, parece-me claro que Platão não está a delinear uma "história" da cidade antiga como faria um estudioso contemporâneo da pré-história, mas está a antecipar, de muitos séculos, as reflexões metodológicas de filósofos e políticos que, do século XVIII em diante, especularam sobre a "origem" ideal da sociedade: "construamos com o nosso discurso uma cidade desde a sua origem" (II 369c9). E assim ele imagina esta primeira "cidade" composta por quatro homens: um agricultor, um pedreiro, um tecelão e um sapateiro (II 369d), exatamente para satisfazer as primeiras necessidades fundamentais mencionadas. E cada homem deve satisfazer a necessidade que os outros têm dos seus produtos e, ao mesmo tempo, satisfaz as próprias necessidades por meio dos bens que os outros produzem. Esta é a cidade "sã" (II 372e7); é, diríamos nós, uma espécie de "comunismo primitivo" que está na origem da sociedade humana, em que cada indivíduo faz o que sabe fazer, e cada qual toma dos outros aquilo de que tem necessidade.

Pouco a pouco as necessidades crescem e com elas a produção de bens. Nascem novas classes de cidadãos – carpinteiros, ferreiros, pastores etc. –, e quando a produção alcança um certo nível, aparecem os negociantes e os comerciantes e nasce o mercado e a moeda. É incrível constatar que Platão teve a grande intuição de ver o mercado como instituição social e de ver o valor simbólico da moeda 23 séculos antes que os grandes pensadores econômicos do século XIX se habituassem a estes conceitos. Então, se procurássemos a justiça nesta sociedade primitiva, encontrá-la-íamos somente no uso em comum, regulado pela necessidade, dos bens imprescindíveis a todos (*cf.* II 371e12-372a2).

b) A cidade opulenta. A íntima inter-relação dos dois fatores, necessidades e produção, no sentido em que com o crescimento das primeiras aumenta o crescimento da segunda, e vice-versa, comporta o aumento das várias classes no interior da cidade e, por conseguinte, uma complexidade sempre maior da vida social. Portanto, é na cidade "opulenta" (II 372e3: *tryphôsa*, de *tryphé* = luxo), que aumentam as riquezas e a necessidade de novos territórios. Consequentemente, nasce a necessidade de um exército de profissionais, composto por "guardiões" (II 374d8: *phýlakes*). Então, aqui introduz-se a figura fundamental dos "guardiões" que depois será amplamente desenvolvida. Por ora diz-se apenas que estes guardiões devem ser corajosos e duros para com os inimigos e dóceis para com os companheiros, tal como os cães de nobre raça, que demonstram hostilidade para com os estranhos e mansidão para com os familiares e conhecidos. Esta disposição natural dos guardiões é também uma disposição natural para a filosofia, visto ser o fruto de uma disposição natural para a aprendizagem; ora, amor pela aprendizagem e a filosofia são a mesma coisa (II 374e-376d).

Vamos tratar das outras duas cidades, isto é, da cidade educada e da cidade dos filósofos em seguida, nos pontos 13 e 14.

De fato, o tratamento destas duas "cidades" está enquadrada numa perspectiva muito mais ampla, que é pedagógica e política simultaneamente e envolve outras questões importantes para a filosofia platônica, como, por exemplo, a do valor educativo da poesia e a da necessidade de os filósofos governarem. Agora vamos seguir o tema da justiça tal como foi originariamente desenvolvido e explicado nos livros sucessivos.

12.3. O indivíduo e a cidade

A tática genial de Platão para determinar "o que é" a justiça consiste em instaurar um íntimo paralelismo entre *indivíduo* e *cidade*. Platão fala de *pólis*, isto é, da cidade, da forma política mais desenvolvida na sociedade e na cultura gregas, mas é claro que a cidade de que fala é um *parádeigma*, ou seja, um *modelo*, um esquema de organização social e política que vale não para uma só cidade, mas para todas e, por conseguinte, para toda a sociedade humana. Por isso, nós podemos também dizer que o paralelismo que Platão instaura é entre indivíduo e sociedade humana. É uma tática teórica muito importante, porque pressupõe uma visão "orgânica" da sociedade humana como único indivíduo: assim como o homem é sempre uma *unidade* composta por muitas partes que deveriam ser capazes de encontrar uma composição harmoniosa entre si, também a sociedade humana é um *todo* que deveria ser coeso e harmônico no seu interior. Esta é também a razão pela qual Platão aplica, ao homem e à sociedade, dois conceitos derivados da medicina (como fizeram os Pitagóricos antigos, por exemplo, Alcmeão de Crotona): *doente* é o homem em que há descompensações nos vários órgãos que o constituem, *são*, o homem no qual cada órgão cumpre perfeitamente a sua função; *doente* é a cidade em que as várias classes que a constituem estão em luta, *sã*, a cidade em que cada classe cumpre a sua função.

Vejamos então o que são a justiça e a injustiça, relativamente ao problema da felicidade (IV 427d). Já no livro III Platão distinguira, no interior da classe dos "guardiões" da cidade, os que deviam governar (*árchontes*) dos que deviam defender (*phýlakes*) a cidade. O fim e a tarefa destas duas classes é a utilidade de todos e não a própria (III 411e-412e). A terceira classe da cidade é a dos produtores, isto é, a dos homens que provêm a necessidade dos bens necessários à vida de todos os cidadãos. Logo, o fundamento de uma cidade boa são as quatro "virtudes": sabedoria (*sophía*), coragem (*andréia*), temperança (*sophrosýne*), justiça (*díke*). A *sabedoria* é a virtude que inspira conselhos sábios (*euboulía*), a capacidade de bem aconselhar não alguns elementos da cidade, mas toda a cidade, para melhor regular a sua organização interna; ela pertence portanto aos governantes. A cidade inteira será "sábio" se a ciência da sabedoria pertencer a quem governa, isto é, à sua parte mais exígua (IV 427e-429a). A *coragem* é a virtude que pertence a quem vai para a batalha em defesa de toda a cidade. Em sentido mais amplo, é uma espécie de salvaguarda (*sotería*), isto é, a capacidade de "salvar" sempre as opiniões boas instauradas nos homens pela educação (IV 429a-430c). Analogamente ao que acontece na sabedoria, a cidade será corajosa quando os guardiões da cidade são corajosos. A *temperança* é um acordo (*symphonía*) e uma harmonia derivantes da ordem (*kósmos*) entre, e do domínio (*egkráteia*) sobre, prazeres e desejos; é a virtude própria dos produtores e dos artesãos, mas pertence também às outras classes da cidade. Neste sentido, é o acordo natural entre governantes e governados (IV 430c-432b). De fato, ao definir estas três virtudes da cidade, está-se a definir também a quarta, a *justiça*: tal como o indivíduo deve cumprir uma só tarefa, também na cidade cada classe deve cumprir a sua única tarefa. É precisamente o princípio do *ta hautoû prátteïn*, já anunciado em II 369-370, e que agora se torna a condição fundamental que permite a realização das outras virtudes da cidade. A injustiça na cidade, ao invés, consiste na troca de lugares das três classes que a constituem. Com efeito, isto seria o maior dano para a cidade (IV 432b-434c).

Portanto, há três classes que têm um papel bem distinto na organização e na vida da cidade, e cada papel não pode ser trocado por outro. Seria um dano, uma doença para a cidade, a eventualidade de uma classe não cumprir a sua tarefa, e querer cumprir também as outras, instaurando assim o domínio de uma parte sobre a cidade. Que o governo seja confiado a uma só classe não significa que seja uma tirania, uma "ditadura", diríamos nós, de uma classe sobre as outras, a partir do momento em que o governo é confiado à única classe capaz de governar não por interesse próprio, mas no interesse de todos. Para Platão, esta classe é a dos filósofos, e vamos ver nos parágrafos 13 e 14 como pensa o Ateniense que isso seja possível. No entanto, é preciso dizer, e isto é muito importante, que as três classes não constituem três *castas fechadas*. Como veremos no ponto 13.1, Platão é muito claro a este respeito. A pertença de um indivíduo a uma das três classes não é determinada nem pelo nascimento nem por nenhuma condição que não sejam as capacidades individuais. Por outras palavras, cada indivíduo é chamado a desempenhar na cidade aquela função para a qual demonstra possuir atitude, e só assim poderá desempenhá-la bem.

Assim, a cidade platônica é constituída por três classes: a dos governantes, a dos guardiões, a dos produtores. A justiça na cidade, dissemos, consiste em cada classe desempenhar a função que lhe é própria. Analogamente, um homem justo não diferirá em nada de uma cidade justa, mas ser-lhe-á semelhante (IV 435b). Com efeito, também a alma do indivíduo é constituída por três partes: uma que tem em si a paixão por aprender – que Platão chama *philomathés*, ou *logistikón*, isto é, amante dos conhecimentos, racional –; uma parte impulsiva, *thymoeidés*; uma parte desiderativa, *epithymetikón*. A parte desejosa de aprender faz-nos adquirir conhecimentos, a impulsiva faz-nos experimentar os ímpetos da alma, a desiderativa faz-nos provar os prazeres gastronômicos, os da procriação e gozos afins (IV 435e-436b).

Outra tática genial de Platão, aqui na *República*, consiste em, por assim dizer, ter "interiorizado" a totalidade do ser humano. Noutros diálogos como, por exemplo, no *Fédon*, ele distinguira corpo e alma e atribuíra a racionalidade só à alma, e a passionalidade (impulsos, desejos, prazeres) só ao corpo. Pelo contrário, aqui a complexidade do ser humano encontra-se toda *no interior* de cada alma: paixões, desejos e razão são três aspectos da alma, isto é, do ser humano. O sentido desta solução é que não se opõe corpo a alma, mas considera-se o homem como uma *unidade indivisível* das partes que o constituem, de maneira que Platão se põe o problema da ação humana. É uma só parte da alma que nos faz agir de certa forma, ou é a alma inteira, com todas as suas componentes? E todas as análises e exemplificações que se seguem demonstram exatamente a complexa relação dinâmica que se instaura entre as três partes da alma em relação à ação de cada indivíduo. Dado que nenhuma parte da alma, sozinha, consegue ficar por cima das outras duas, e dado que naturalmente cada uma delas está "em guerra" com as outras duas, as "alianças" que se determinam entre elas determinam também o comportamento concreto do homem. Então, será justo o comportamento daquele homem em que a parte impulsiva da alma se alia à parte racional para travar a parte desiderativa. Aqui fecha-se a analogia entre indivíduo e cidade: justo é o homem da mesma forma que o era a cidade. A cidade era justa quando cada classe cumpria o seu dever; justo será aquele homem em que cada elemento cumpre a sua função: ao elemento racional cabe governar, ao elemento impulsivo cabe ser aliado do primeiro para governar o elemento desiderativo, e só assim cada homem poderá estar em concordância e harmonia consigo mesmo, ou seja, ser "justo" (436a-443b). Tudo isto será possível só com a educação, como veremos em seguida.

A resposta platônica, portanto, ao eterno problema da justiça consiste no laço original que o Ateniense instaura entre indivíduo e sociedade. Um laço dinâmico, um equilíbrio dinâmico que se realiza entre as forças diversas que agem quer no homem quer na cidade. Os princípios fundamentais que regulam estes laço e equilíbrio são, como vimos, o de "exercer a própria função" e o da "unidade que deriva da multiplicidade". Vale a pena ler este passo crucial, onde aparecem a íntima relação entre conhecimento, ética e política, a concepção "orgânica", "natural" do homem e da sociedade, a concepção da ação, privada e pública, como terreno concreto onde se manifestam a harmonia e amizade do homem para consigo mesmo e para com a sociedade:

"E a justiça era deveras algo de semelhante: ela consiste em *agir não exteriormente, mas interiormente*, com uma ação que englobe a própria personalidade e caráter, razão pela qual o indivíduo não permite que cada elemento seu cumpra tarefas próprias de outros nem que as partes da alma realizem as funções umas das outras; mas, *instaurando uma ordem real no seu íntimo*, torna-se *senhor de si próprio, disciplinado e amigo de si mesmo*, e harmoniza as três partes da sua alma; ... então, *depois de as ter ligado todas e se ter tornado um de muitos, temperante e* harmônico, *ei-lo que age assim*, quer a sua atividade se dirija à aquisição de bens materiais ou ao cuidado do corpo, quer aja no âmbito político ou em contratos privados. Nesta sua ação julga e denomina *justa e bela a* ação *que conserva e contribui para a realiza*ção *deste íntimo equilíbrio*, e denomina sabedoria a ciência que a dirige; *injusta a ação que vai destruindo aquele equilíbrio*, e ignorância, a opinião que a dirige" (443c-444a).

13. A cidade educada. O papel da poesia e da arte

Entre o II e o IV livros, Platão desenha o novo programa educativo que deveria ser realizado na nova cidade. Mas o programa da *paidéia*, isto é, da educação, não encerra com estes livros. Será uma questão que atravessará também os livros seguintes (entre V e VII: para tal, veja-se os pontos 14 e 15). De fato, a obra educativa é uma atividade que deveria acompanhar e que é inseparável de cada momento da vida da cidade, da sociedade, para que esta possa continuar a existir. Deste ponto de vista, certamente Platão antecipa aquele conceito da psicologia e da pedagogia contemporâneas, evidenciado no século passado, que é a "educação permanente". Mantém-se uma questão muito discutida entre os estudiosos de Platão se este programa educativo diz respeito só aos "guardiões", isto é, à classe dos filósofos e à dos guerreiros, ou a todas as classes, ou seja, também à dos produtores. Com efeito, se é verdade que o programa educativo de Platão é pensado principalmente em relação às características que devem adquirir os futuros regentes da cidade, não se pode negar que o programa adquira também um valor mais geral, e diga respeito a todos os homens "novos" que agem na cidade. Tal como a cidade "educada" é aquela em que tem lugar um equilíbrio harmônico entre as várias partes que a constituem, assim também o homem "educado" será o homem que, na sua individualidade, tiver conseguido instaurar um equilíbrio harmonioso em si mesmo.

Portanto, a *paidéia* concerne ao corpo e à alma, ou seja, ao homem *inteiro*, ao homem na sua totalidade. A educação do corpo é a *ginástica*, a da alma é a *música* (II 376e). Uma educação moral e física simultaneamente: a música será tratada daqui até ao livro III (376e-403c); a ginástica no livro III (403c-412b). Por *música* Platão entende não só a música como a entendemos hoje, mas toda a educação literária, os discursos e os mitos com os quais se modelam as almas dos homens. Os mitos, as fábulas que se contam às crianças, vêm, por isso, antes da educação física que se faz nos ginásios. E aqui Platão introduz um conceito muito importante da sua doutrina: os mitos são "falsos", mas neles deve haver algo de "verdadeiro" (II 377a), por isso, se os mitos forem belos, devem ser aceites, se forem feios, devem ser abandonados. Mas belo e feio não são aqui conceitos estéticos, estão intimamente ligados ao verdadeiro e ao falso: belo é o mito que transmite verdades, feio o mito que transmite falsidades. Platão está bem consciente do fato de que as primeiras impressões que se formam na alma de uma criança "tornam-se geralmente indeléveis e imutáveis" (II 379d-e) e, por esse motivo, o educador deve prestar muita atenção às fábulas que conta. Homero, Hesíodo e os outros poetas contam falsidades quando representam os deuses e os heróis combatendo entre si, mentindo, cometendo injustiças etc. Estas fábulas não se devem contar às crianças, porque elas não são capazes nem de raciocinar nem de compreender as analogias típicas dos contos míticos, e ficam muito impressionadas com estes contos. Assim, os mitos devem ser banidos da educação das crianças, porque elas se devem persuadir do fato de que ódio e inimizade não devem existir entre concidadãos.

Esta é a famosa "condenação platônica da arte", de Homero em diante, sobre a qual insistiram tantos estudiosos. Na realidade, os limites do discurso platônico são muito claros: não se trata de uma condenação da poesia enquanto tal, mas de sopesar a sua *influência educativa sobre os jovens que ainda não formaram o seu caráter*. Platão não está a condenar "a poesia" em geral, mas o uso que na educação tradicional se fazia precisamente de Homero e de outros poetas para incutir valores próprios de uma sociedade combativa, agonística, que via a força e o saber como fatores de predomínio, de supremacia sobre os outros homens; por outras palavras, uma sociedade aristocrática baseada no antagonismo entre as classes em vez da sua harmonia. Não se trata, portanto, de uma condenação da poesia enquanto tal, mesmo porque Platão não diz que aquelas poesias não possam ser lidas e escutadas por um número pequeno de pessoas já formadas e adultas, quando verosimilmente cada uma delas já alcançou o seu equilíbrio interior (veja-se II 378a). Em III 390a-b, Platão afirma que todas as narrações de Homero e dos outros poetas sobre heróis intemperantes e sobre deuses vítimas das paixões não são aptas a jovens que se devem educar na temperança e no domínio de si, mas podem também oferecer "um prazer qualquer" (nós diríamos o "prazer estético" da poesia) apenas a homens adultos e já formados. Em suma, os guardiões deverão ser "artífices muito escrupulosos da liberdade da cidade, não deverão exercer nenhuma função nem imitar outras coisas" (III 395c), e deverão fazer com que as crianças imitem o bem, porque "as imitações, se começarem desde a infância e depois continuarem, consolidam-se em hábitos e constituem uma segunda natureza" (III 395d), para que desde crianças os homens sejam conduzidos na direção da amizade, da concórdia e da bela razão (III 401d).

 O deus, portanto, deve ser figurado não como causa de tudo o que acontece, mas apenas das coisas boas (II 379a-380c); o deus não muda, isto é, não assume formas múltiplas nem engana ou ludibria os homens (II 380d-382a): "a divindade é um ser perfeitamente simples e verdadeiro, verdadeiras são as suas obras tais como as suas palavras. E em si não muda nem engana os outros, nem com aparições, nem com discursos, nem com o envio de sinais em sonho ou em vigília" (II 382e). Quando se fala dos deuses, é preciso que os discursos que se fazem façam realçar a mútua amizade que tem de existir entre deuses e homens, entre homens e homens (III 386a). Analogamente, não se deve usar a poesia que incute o terror da morte na educação das crianças: ela não só não é "verdadeira", como não é sequer "útil" aos futuros guardiões, que deverão "ser livres, e sentir mais medo da escravidão do que da morte" (III 386b-387b).

13.1. A mentira útil

Aqui Platão introduz o famoso conceito de licitude do engano, da "mentira útil", sobre o qual muitos intérpretes também se equivocaram. Este conceito, que fora antecipado em I 331c, é tratado em II 382c, em III 389b-391c, 414b, e em V 459c-d. Admitido que "é preciso ter em grande conta a verdade", e que aos deuses o falso não é útil, todavia, ele pode ser útil aos homens "como um remédio" (III 389b). Mas o uso deste remédio está reservado só a poucos: no que diz respeito à cura e ao bem-estar do corpo, está reservado aos médicos e não pode ser de uso privado – não é lícito ao doente mentir ao médico, tal como não é lícito ao ginasta mentir ao seu instrutor sobre as suas condições físicas –, e não é lícito ao marinheiro mentir ao piloto sobre as condições reais do navio (III 389b-c). Logo, não é lícito aos governados mentir aos próprios governantes, embora estes possam mentir aos cidadãos, quando a mentira é justamente "útil". E isto acontece por duas razões, importantes para não entender mal este conceito platônico. A primeira é o "saber": o governante, tal como o médico e o piloto, é quem possui uma arte, uma técnica, isto é, uma ciência, é o único que conhece os mecanismos de causa e efeito que ligam uma ação a um resultado. A segunda, ainda mais importante, é que a eventual mentira dos governantes visa não o próprio útil, mas o útil de *todos* os cidadãos; não tem como fim obter uma riqueza maior, um poder maior, ou manter uma condição privilegiada da própria classe, mas sim alcançar o bem-estar e um equilíbrio que seja útil a *todas* as partes que compõem a cidade. O aspecto da mentira dos governantes, que a nós homens de hoje pode parecer absurda, habituados às mentiras de tantos "homens políticos" que nos governam, mostra-se, pelo contrário, perfeitamente consequente à visão platônica. Ele não está a falar da "cidade de hoje", mas da "cidade de amanhã", de uma cidade onde as partes que a constituem não estão em luta entre si, mas conseguem encontrar um equilíbrio harmônico entre si, e onde as funções são claramente delineadas, mas cada uma se desenvolve no interesse, na utilidade, de *todo* o organismo político. A mentira do governante não é, portanto, funcional à conservação do seu poder *sobre* todos os outros homens, mas à de uma vida justa e feliz *com* todos os outros homens. E isto será ainda mais claro no ponto seguinte, quando examinarmos a relação entre justiça e felicidade.

Entretanto, aqui no III livro, Platão dá-nos um claro exemplo destas "nobres mentiras" que se podem contar às crianças para que adquiram desde logo o sentido da vida na cidade nova. Trata-se de um antigo mito fenício, o dos homens nascidos da terra; outras citações deste mito encontram-se em diálogos como: *Protágoras*, 320d, *Sofista*, 147c, *Político*, 269b e segs., *Crítias*, 113d. Um mito antigo, portanto, mas que Platão reutiliza dando-lhe um sentido completamente novo, e deve ser contado com capacidade de persuasão (III 414c-415d).

13.2. A música, o tribunal e o hospital

A música, no sentido platônico, tem máxima importância e grande potência na formação da alma dos jovens e eles, ainda antes de adquirirem plena consciência de si e de atingirem a idade da razão, estarão habituados a reconhecer e a amar as coisas belas e a afastar as coisas feias, e introduzirão nas próprias almas a temperança, a coragem, a generosidade, a magnanimidade e todas as outras virtudes (III 401d-402d).

Mas grande importância tem também a ginástica, que deve ser praticada desde a infância e mantida por toda a vida; e tal como a simplicidade na música gera temperança nas almas, também a simplicidade na ginástica gera saúde nos corpos (III 404e). Os efeitos positivos de música e ginástica veem-se principalmente na alma (III 403d; 410c); mas para Platão isto significa apenas, dada a equivalência que estabelece entre o composto da alma e o homem na complexidade das suas funções, que o homem deve ser educado na sua totalidade, em todos os seus aspectos. De fato, quem faz só ginástica torna-se demasiado "selvagem", quem se dedica só à música torna-se demasiado "mole" (III 410d). Portanto, é preciso visar a harmonia das várias "naturezas" humanas na sua totalidade, entre a passional, a racional e a desiderativa, sob a condução da alma racional, que é a única a saber governar as outras pelo bem e utilidade não de si mesma mas de todas.

Aqui (III 405a-410b) Platão introduz uma *digressão* que bem ilustra o sentido de tudo o que diz. Trata-se da famosa digressão sobre os tribunais e os hospitais. De maneira aparentemente paradoxal, Platão afirma com decisão que tribunais e hospitais, longe de serem sinal da obtenção de uma civilização, são o maior indício de uma "má e vergonhosa educação no âmbito da cidade". É a cidade não educada, portanto, que precisa destas duas instituições. A argumentação platônica desta tese mostra toda a potência da sua visão revolucionária, visando colher as consequências nefastas destas instituições na sociedade grega do seu tempo, e simultaneamente fazendo-nos entrever em contraluz uma sociedade nova e melhor para o homem. Mas as suas observações agudas fazem-nos também meditar quanta "doença" existe ainda na nossa sociedade.

O que é um tribunal senão o sinal da obrigação a recorrer a uma "justiça pedida em empréstimo a outrem"? Isto é, o sinal daquela falta de educação que tornou possível uma ofensa? De fato, é vergonhoso que haja tanta gente que passa a maior parte da vida a fazer-se de acusado ou de acusador nos tribunais, e que esta gente sinta orgulho precisamente da sua capacidade de cometer injustiça e de adaptar-se a cada situação só para fugir à justiça, recorrendo à ajuda de grandes advogados e explorando qualquer sutileza da lei, ignorando que é mais belo e melhor organizar a própria vida sem necessidade de um juiz sonolento e distraído. Por isso, o tribunal é, de forma só aparentemente paradoxal, o sinal não da justiça, mas da falta de justiça. Quando a justiça não é "própria", não é a atitude espontânea que regula a vida de cada homem, ela torna-se lugar e norma de imposição de senhores e juízes. Se todos os homens fossem justos e vivessem justamente, os tribunais não teriam motivo para existir.

Analogamente, uma medicina que deixe de ser cura das feridas ou das doenças ligadas aos lugares, às estações, isto é, a fatores "exteriores" ao homem, e se torne sempre mais cura do sedentarismo e dos regimes de vida não sãos aos quais se abandonam os homens, é também ela sinal de uma cidade não educada. Ela não cura, mas "educa à doença", e assim fazendo "torna a morte longa": homens que, a bem ver, já estão mortos para uma vida feita de valores mais altos são "curados" por esta medicina exatamente na sua doença, tornando a sua vida comprida e penosa. Platão inventa também um termo para este tipo de medicina: *nosotrophía*, isto é, "nutrição da doença" (III 407b1). E, por outro lado, ela provoca também aquela situação psicológica, hoje bem conhecida, em que o próprio doente se afeiçoa à sua doença, e assim fazendo pensa estar sempre mal e não para de sofrer, negligenciando as coisas mais importantes e tornando-se um ser inútil para si e para a comunidade. Também aqui, de maneira só aparentemente paradoxal, Platão defende que a verdadeira medicina deve curar só os sãos; isto significa só os que têm bem claras a tarefa e a função da própria vida, entendida como o espaço e o tempo em que cada um pode realizar a sua humanidade e ajudar os outros a realizá-la.

14. A cidade dos filósofos

Já em III 414, como vimos no ponto 12, introduzira-se a distinção, no interior da classe dos guardiões, entre os guardiões que governam (*árchontes*) e a outra classe dos guardiões que se destinam à defesa da bela cidade e que agora são chamados "auxiliares e ajudantes" (*epíkouroi kái boētói*) pelos decretos dos governantes. Pois, no final do III livro (416d-417b), Platão introduz o conceito revolucionário do seu "comunismo": a abolição da propriedade privada para os guardiões e para os governantes, isto é, para os guerreiros e os filósofos, e a "vida em comum" de ambos. Eles não receberão nenhum salário pela sua obra e terão tudo em comunhão. A propriedade privada dos governantes é, de fato, a causa da sua ruína e a da cidade inteira. Tudo aquilo de que tiverem necessidade para viver será oferecido pela terceira classe da cidade, a dos agricultores e artesãos, para os quais está prevista uma moderada propriedade privada, suficiente para suprir as exigências da própria vida e a das duas outras classes.

Esta tese revolucionária, enunciada *ex abrupto* por Sócrates, provoca a imediata reação de Adimanto, reação típica, de Aristóteles até hoje, de todos os que se assustam com a ideia de um fim para a propriedade privada. Vale a pena ler este passo de grande importância: "Como te justificarás, ó Sócrates, se alguém te replicar que não fazes estes homens nada felizes? Eles são os verdadeiros donos da cidade, mas não recebem nenhum lucro. Outros, por exemplo, possuem terrenos, constroem casas belas e espaçosas, adequadamente mobiliadas, oferecem privadamente sacrifícios aos deuses e são hospitaleiros e possuem ouro e prata, e todos os bens de que habitualmente dispõe quem quer ser bem-aventurado. E os teus homens, pelo contrário, parecem estar lá na cidade, como empregados a soldo, sem fazer outra coisa que não seja governar". E Sócrates acrescenta: "Não só, mas a trabalhar apenas para a subsistência e, à parte os alimentos, não receber um salário como os outros, de maneira que, se tiverem vontade de ir ao estrangeiro às suas custas, não poderão fazê-lo; nem poderão ser generosos para com as amantes, nem outras despesas, como fazem, ao invés, os que hoje são considerados felizes" (IV 419a-420a).

Esta troca de opiniões, impressionante pela sua "modernidade", toca o problema fundamental da *felicidade* humana, visto em duas perspectivas opostas: por um lado, a que coloca a felicidade no dinheiro, na propriedade, no luxo, no divertimento, escondendo, porém, que tudo isto é prerrogativa apenas de poucos, e em especial dos governantes que obtiverem o máximo proveito do estar no governo da cidade; por outro lado, a que coloca a felicidade noutro lugar. Sócrates não responde à objeção de Adimanto, mas limita-se, por ora, a delimitar o horizonte em que será resolvido o problema: "Nós não fundamos a nossa cidade para que uma só classe entre as que criamos goze de uma felicidade especial, mas para que a cidade inteira goze da máxima felicidade possível. [...] Uma cidade feliz não torna feliz alguns poucos indivíduos separadamente tomados, mas toda a cidade. [...] Os guardiões não podem gozar de uma felicidade particular, porque esta torná-los-ia tudo menos guardiões. [...] Se todos cumprirem ao máximo a função que lhes é própria, cada classe participará da felicidade na medida que a natureza lhes concede" (IV 420b3-421c6). É neste horizonte prospético, portanto, que Platão enfrenta o problema da felicidade, de uma felicidade que não seja de poucos, mas de todos. Todavia, falaremos da questão da felicidade no capítulo 15.

A abolição da propriedade privada e a comunhão de mulheres e filhos eram, decerto, teses revolucionárias já no IV século a.C. Platão regressa a elas do V ao VII livros. No início do V livro, Adimanto solicita a Sócrates que retome a questão, defendendo que, embora seja justo que "entre amigos tudo seja comum (*koinà ta phílon*)", este "justo" exige um discurso que esclareça de que modo se realiza a comunhão (V 449c-d). Sócrates tenta eximir-se, dizendo que esta clarificação comportaria um "enxame de discursos", mas quer Trasímaco, já amansado e reconciliado com Sócrates, quer Gláucon, convidam-no a continuar, afirmando que "para pessoas dotadas de juízo, a medida para escutar semelhantes discursos é a vida inteira" (V 450b). E Sócrates, rendendo-se aos convites dos seus interlocutores, reafirma que o que se apresta a dizer, oferecerá muitos motivos de incredulidade, por duas razões: "desconfiar-se-ia que fossem possíveis as coisas que dizemos, e ainda por cima não se acreditaria que são as melhores, mesmo que se realizem" (V 450c-d). Platão, como de hábito, antecipa aqui dois motivos que vão constituir a trama fundante de todas as demonstrações que se seguirão, precisamente a da possibilidade de realização das teses que expõe, e a da sua bondade.

Trata-se, do V ao VII livros, de três discursos importantes que deveriam proteger-nos de outras tantas "ondas" que se abateriam sobre nós no momento em que propuséssemos as nossas teses revolucionárias. Platão usa esta imagem da "onda" (*kýma*) que tenta afogar-nos e à qual foge precisamente com os discursos que faz (V 457b7, c3); mas penso que é legítimo também interpretar a imagem noutro sentido: de fato, são os seus discursos a serem "ondas" que arrebentam contra a tradição e o senso comum. Podemos, portanto, esquematizar da seguinte forma as três ondas: *primeira onda*: tese da identidade de tarefas e de educação para homens e mulheres (possibilidade: V 451d-456c; bondade: V 456c-457b); *segunda onda*: tese da comunhão de mulheres e filhos (bondade: V 457b-466d; possibilidade: coincide com a terceira onda); *terceira onda*: tese dos filósofos no poder (possibilidade e bondade: V 473b-VII 541b).

14.1. A primeira onda: homens e mulheres são iguais

Platão está bem consciente de que a tese da identidade da educação de homens e mulheres contraria toda a tradição (*parà to éthos*) educativa da Grécia do IV século, podendo aliás parecer ridícula. Pelo menos nos nossos tempos, afirma Gláucon, seria ridículo ver mulheres que fazem ginástica nuas nos ginásios junto com os homens (V 452a-b). Mas aqui Platão, com potente *insight*, afirma que, por um lado, o ridículo é simultaneamente social e histórico: é histórico porque ainda não tinha passado muito tempo desde que para os Gregos pareciam feias e ridículas coisas que agora parecem tais à maior parte dos bárbaros, isto é, que se vissem homens nus nos ginásios. E, por outro, é social porque está limitado àqueles "espirituosos" que se alimentam de piadas e não sabem ir para além da superficialidade: de fato, ridículo é somente o mal, e os que se põem a rir perante um espetáculo que não seja o da estultícia e do mal perseguem um escopo longe do belo e do bem (V 452b-e).

Portanto, é preciso ver se é possível esta educação comum de homens e mulheres. Ela é possível porque a sua "natureza" é idêntica. E aqui é necessário desimpedir o campo de toda a tentativa de fazer cair em contradição o discurso: se se disse que cada indivíduo deve desempenhar apenas a tarefa para a qual está destinado por natureza, e se há uma diferença natural entre homem e mulher, então cair-se-ia em contradição se agora se afirmasse que homens e mulheres devem desempenhar as mesmas tarefas, a partir do momento em que as suas naturezas são profundamente diversas (V 453b-c). Mas esta é uma argumentação erística, afirma Sócrates, de quem não está habituado a discutir distinguindo nos seus vários aspectos o argumento tratado e procura contradizer a tese adversária reduzindo a questão a pura terminologia: é como se perguntássemos se carecas e cabeludos têm ou não a mesma natureza e, por conseguinte, se se confiar aos carecas uma certa tarefa, a mesma não pode ser confiada aos cabeludos. De fato, a única diferença "natural entre homens e mulheres é que o macho insemina e a fêmea dá à luz"; enquanto que, no que diz respeito à administração da cidade, além da realização de particulares tarefas, há uma identidade "natural" da espécie humana, sem diferença entre os sexos. Uma mulher médica tem a mesma natureza de médico de um homem. O que é preciso verificar é precisamente se uma pessoa, seja homem ou mulher, está destinada naturalmente a exercer uma certa tarefa ou não: a nossa legislação, conclui Sócrates, "é conforme à natureza. Contra a natureza são, em vez disso, as coisas de hoje, que se desenrolam de maneira oposta a estes princípios" (V 453d-456c).

Portanto, se é possível uma educação igual para homens e mulheres que tenham a mesma natureza, ela revelar-se-á também uma ótima educação, precisamente porque destinará idênticas tarefas aos que tiverem qualidades naturais para as levar a cabo, da arte de governar ao exercício de qualquer outra atividade útil à cidade (V 456a-457b).

14.2. A segunda onda: mulheres e filhos em comunhão

Salvos da primeira onda, encontramo-nos agora perante uma ainda maior, diz Sócrates. Platão tem plena consciência da força devastadora da sua proposta relativamente a costumes e a tradições bem enraizadas no seu tempo. "As mulheres destes nossos homens devem ser todas comuns e nenhuma deve viver privadamente com um apenas; e comuns devem ser também os filhos, e os pais não devem conhecer a própria prole, nem os filhos, os pais" (V 457c10-d3).

Esta declaração, tão provocatória quanto revolucionária, é mais um olhar sobre a organização da *kallípolis* do futuro que um programa "político" a ser realizado com decisões mais ou menos enviadas do alto e em tempos mais ou menos estáveis. Isto é provado pela troca de frases entre Sócrates e o seu interlocutor, que agora é Gláucon. Este confirma logo que, muito mais do que a primeira onda, esta afirmação há de suscitar grande desconfiança e incredulidade (*apistía*), quer em relação à possibilidade de realização, quer à sua utilidade. E Sócrates replica que o problema é precisamente demonstrar a possibilidade de aplicação do princípio enunciado; mas, uma vez demonstrada a possibilidade, nunca mais ninguém porá em discussão a utilidade (V 457d). Mas Gláucon insiste em duvidar que se possa desenvolver um raciocínio semelhante; e então Sócrates usa uma estranha imagem. Tal como aqueles "preguiçosos de intelecto" que passeiam solitários, confiando a si mesmos um desejo e antes de saber como ele se poderá realizar, fantasiam sobre o que farão quando ele se realizar; também Sócrates, adiando o exame de como é possível realizar o princípio acima mencionado, descansará e examinará, ao invés, como podem os governantes pô-lo em prática.

De fato, neste discurso, que continua até 473, onde se introduz a terceira onda, não se enfrentará mais explicitamente a questão da possibilidade de realização do princípio. E, segundo o que disse Sócrates, o discurso, concretamente, vai tratar só o aspecto da utilidade do princípio, e será alternado por curiosas discussões sobre os métodos que se deverão usar para que seja possível realizar o princípio. A este aspecto do discurso pertencem, por exemplo, as precauções que os governantes deverão tomar para realizar "casamentos santos" e, por conseguinte, úteis, entre os cidadãos, precauções baseadas na "maior afinidade possível" entre os homens e as mulheres que se unirão segundo uma "necessidade não geométrica, mas amorosa" (V 458c-d); ou ainda, o uso do "remédio da mentira" que os governantes deverão fazer para que os melhores se unam aos melhores, organizando por lei festas onde eles se possam encontrar (V 459c-460a); ou ainda, o uso de normas para fazer com que possa ser respeitada a idade para a geração dos filhos, porque é bom que "os filhos nasçam de pais que estão na flor da idade". A flor da idade, para as mulheres, é o período que vai dos 20 aos 40 anos, e para os homens é o período que vai dos 25 aos 55 anos: fora destes períodos, homens e mulheres serão "livres para se unirem com quem quiserem", excepto com pessoas que possam ser seus pais, mães ou filhos (V 460a-461e).

Por outro lado, encontramos poderosos feixes de luz teóricos sobre o significado profundo que esta perspectiva comporta no interior da cidade nova. Se nos pusermos na perspectiva, por exemplo, de considerar qual é o máximo bem e o máximo mal para a organização da cidade, poderemos perguntar-nos se os princípios que expusemos estão na "pista" (*íchnos*) do bem ou do mal (V 462a). Ora, não há pior mal para a cidade do que aquele que a divide e faz dela muitas de uma, e não há maior bem do que aquele que a liga e a faz una. "A comunhão de prazer e dor, isto é, quando *todos* os cidadãos se alegram e entristecem de igual modo" pelas mesmas coisas é um potente fator de coesão, tal como fator de desunião são os prazeres e as dores particulares, isto é, quando "alguns sentem máximo desgosto e outros, máxima alegria" (V 462b).

É aqui que Platão desenvolve com grande coerência e clareza a sua metáfora "organicista", segundo a qual a cidade bela deve ser constituída como "um só homem" e isto comporta necessariamente a abolição da propriedade privada, porque não tem sentido dizer que uma coisa pertence só a uma parte do homem e não a ele todo. Quando, por exemplo, alguém machuca um dedo, "apercebe-se da total comunhão entre corpo e alma" e não só a parte machucada, razão pela qual nós não dizemos "o dedo está machucado", mas "o homem tem dores no dedo" (V 462c-d). A cidade com ótima constituição aproxima-se, portanto, do indivíduo, e isto significa que "se acontece algo, de bom ou de mau, a um cidadão, esta cidade reconhece logo que aquele acontecimento diz respeito diretamente a ela e partilha todo o prazer ou a dor do seu cidadão" (V 462d-e). Por sua vez, isto comporta também um uso completamente diferente das expressões "meu", "as minhas coisas": "se um *indivíduo* estiver bem ou mal, *todos* os cidadãos dirão estas expressões: 'as minhas coisas' vão bem ou 'as minhas coisas' vão mal" (V 463e). Todos os cidadãos da cidade nova terão a "máxima comunhão de dores e de prazeres" e dirão "minhas" as mesmas coisas de todos. E isto pode acontecer só se não houver propriedade privada e se houver comunhão de mulheres e de filhos. Só assim se poderá impedir que os cidadãos destruam a cidade ao chamar "meu" não o mesmo objeto, mas uns isto, outros aquilo, quando na cidade nova todos tendem a um idêntico fim e é único o seu conceito de "próprio". A rigor, de "próprio" os cidadãos não terão senão o próprio corpo, enquanto todo o resto será comum (V 464a-d).

Neste poderoso olhar sobre a cidade do futuro a "comunhão de mulheres e filhos", que tanto escandalizará Aristóteles, e depois dele muitos outros, desempenha um papel essencial. Ela é o fator mais importante de coesão da cidade, isto é, da sociedade, o que permite que a cidade seja verdadeiramente "una de muitos". E, ao contrário do que se tem dito, de Aristóteles a Popper, na nova cidade não há a prevaricação de um sobre todos os outros, uma "mortificação" do indivíduo a favor de uma entidade superior, cidade ou estado, que afirma os seus direitos ou interesses *contra* os indivíduos. Como Platão muito claramente afirma, os direitos e os interesses da cidade são os mesmos daqueles dos indivíduos que a compõem: tornar-se "una de muitos" (*hen ek pollṓn*) não significa sacrificar muitos a um, e sim considerar muitos como unidade. Também a metáfora organicista que Platão usa esclarece bem esta perspectiva: tal como o homem é composto de corpo e alma e, por sua vez, o corpo e a alma são compostos de realidades diferentes – o corpo por membros e vários tecidos, a alma por faculdades diversas –, e a saúde do homem é dada só pela composição harmoniosa de uma união desta multiplicidade de diferenças, cada um dos quais colabora segundo as suas qualidades, segundo a sua natureza, ao bem-estar do homem inteiro; também a cidade é composta de indivíduos diferentes, cada um dos quais, com o desempenho das próprias tarefas naturais, é absolutamente necessário ao bem-estar da cidade e o bem-estar desta não pode senão ser o bem-estar de todos os cidadãos, sem exclusão de ninguém.

14.3. A terceira onda: os filósofos no poder

Falando da segunda onda, Sócrates discorreu muito sobre a utilidade do princípio da comunhão de mulheres e filhos, mostrando a sua eficácia na coesão da cidade, e pouco ou nada disse explicitamente sobre a possibilidade de aplicação daquele princípio. Aliás, depois de ter recordado, a um certo ponto, que devia ter tratado desta possibilidade (V 466d-e), deixou-se levar por um longo excurso sobre o comportamento da nova cidade em guerra, provocando a interrupção de Gláucon, que o convida a retomar o discurso (V 471c-e). Também neste excurso estão presentes observações e reflexões de elevado nível, que põem Platão muito acima da comum mentalidade do seu tempo, e não só do seu. Como, por exemplo, a reafirmada possibilidade dos homens poderem avançar ou retroceder nas "classes" da cidade, consoante o comportamento que tiverem demonstrado em guerra (V 468a-c); a crítica aos comportamentos bárbaros para com os inimigos, vivos ou mortos (V 469c-e); a crítica às devastações de territórios e bens dos inimigos, depois destes serem derrotados (V 470a-c); a crítica feroz à redução à escravidão e ao extermínio dos inimigos: "os Gregos não desvastarão a Hélade, não incendiarão as casas e não verão *todos* os cidadãos das outras cidades como inimigos, homens, mulheres e crianças, mas *considerarão inimigos os responsáveis pela guerra, que são sempre poucas pessoas*" (V 471a-b).

Convidado, pois, por Gláucon a retomar o discurso, Sócrates tarda ainda um pouco, fazendo uma observação de caráter metodológico extremamente importante, e usando, mais uma vez, uma imagem. Estamos em v 472d-473a. Não se pode decerto declarar menos bom um pintor que desenhe um modelo de suprema beleza humana sem depois conseguir mostrar que um homem do gênero pode também existir. E assim, o nosso discurso sobre a cidade boa, continua Sócrates, não perde absolutamente nenhum valor se depois não conseguirmos demonstrar que existe uma cidade semelhante. Se depois se insistir em pedir a demonstração do modo pelo qual as coisas expostas no discurso podem ter plena realização, então será necessário pôr-se preliminarmente de acordo sobre uma coisa, isto é, que a realização de um princípio "se aproxima da verdade" menos do que o discurso que o demonstra. E, por conseguinte, conclui Sócrates, "não me obrigues a apresentar como completamente realizado o que exprimimos com o discurso. Mas, se conseguirmos descobrir como poderá ser administrada uma cidade do modo que mais se aproxima das normas ditas, diz então que descobrimos a aplicabilidade daqueles princípios que impões que se realizem". Esta breve, mas lúcida intervenção socrática mostra bem o ângulo importante da perspectiva platônica relativamente ao problema da relação teoria/*práxis*. É claro que há uma superioridade da teoria e, por conseguinte, da verdade, sobre a *práxis*. Mas isto não significa de maneira absoluta a desvalorização da *práxis* em nome de um tipo qualquer de "contemplação" puramente teórica. Pelo contrário, exprime uma necessária *tensão* da *práxis* à teoria ou, se se quiser, a *necessidade de uma práxis*, e a necessidade que uma *práxis* correta se inspire numa teoria verdadeira. Uma teoria da ação, portanto, mas de uma ação inspirada numa verdadeira teoria.

A terceira onda, a "maior e a mais difícil" (V 472a4), consiste na demonstração de que a cidade pode mudar "com uma só transformação, decerto não pequena nem fácil, mas possível" (V 473c2-4). Esta transformação está ligada a duas possibilidades: ou que os filósofos governem a cidade, ou que os atuais reis ou detentores do poder se tornem genuína e verdadeiramente filósofos; ou seja, a transformação poder-se-á realizar se se verificar uma situação em que poder político e filosofia estejam reunidos nas mesmas pessoas (V 473c-d). Estruturalmente, o discurso sobre a possibilidade de realização do princípio da comunhão de mulheres e filhos transforma-se no discurso sobre a terceira onda; e neste discurso deixa de se seguir a distinção entre bondade e possibilidade de realização do princípio, mas ambos os aspectos do discurso estão fundamentalmente fundidos num só (o respeito pela distinção em todo o discurso de Sócrates foi realizado só para o discurso sobre a primeira onda). E o próprio discurso, muito longo e articulado, vai desenrolar-se não só em todo o livro, mas até o livro VII, tratando não só da identificação do filósofo, da sua educação, mas também de alguns dos mais importantes temas de todo o diálogo, como o bem, a linha, a caverna, a dialética (a propósito da qual se veja o ponto 16).

A simples enunciação do princípio faz com que Gláucon diga que agora Sócrates não pode esperar outra coisa senão que muita gente, e não sem motivos, de repente se levante para lhe bater (V 473e-474a). E Sócrates reconhece que aqui é preciso definir de *qual* filósofo se pretende falar quando se diz que só a ele cabe o governo (V 474b). Com efeito, trata-

-se dos *verdadeiros* filósofos, dos que por definição "amam contemplar a verdade" (V 475e4: t̲e̲s aletheías philotheámones). Mais uma vez, não se trata de uma contemplação que termina em si mesma, de uma pura atividade teorética, mas de uma atividade cansativa de educação e, por conseguinte, de conhecimento, que dura toda a vida. Depois de ter definido em que a "contemplação" dos filósofos se distingue da dos outros "contempladores", e de ter estabelecido a diferença entre conhecimento, opinião e ignorância (V 486-490: sobre isto, veja-se o ponto 17), Sócrates passa a descrever as características da natureza filosófica.

Portanto, os filósofos, em primeiro lugar, "amam" aquela disciplina (V 485b1: *máthe̲ma*) que lhes esclarece a essência da realidade que é sempre (V 485b2: *ousías aeì oúse̲s*). O amor, também aqui na *República*, como no *Banquete*, é a primeira característica que o verdadeiro filósofo deve possuir: amor pelo saber, em todas as suas partes (para isto, veja-se também III 403a, 474c, VI 490b, 501d). E depois, o filósofo deve possuir sinceridade (V 485c3: *apseúdeia*), isto é, amor pela verdade e ódio à falsidade; deve ser temperante, despreocupado da riqueza, sem baixeza nem mesquinhez; deve possuir grandeza de alma e saber contemplar a totalidade do tempo e da realidade, julgando coisa não grande a vida humana e, por conseguinte, não temendo a morte; deve ser temperante, harmonioso em si mesmo, desprendido dos bens materiais, sem pequenez, engano e vileza; deve possuir facilidade em aprender, boa memória, estar sempre pronto a aprender coisas novas, ser magnânimo, gracioso, amigo da verdade, da justiça, da coragem, da temperança. Só a estas pessoas, tornadas perfeitas pela educação e pela idade, poder-se-á confiar o governo da cidade (V 485e-487a).

Como se vê, o perfil do filósofo em que Platão pensa, quando fala da necessidade de só ele ser capaz de governar a cidade, é um perfil muito elevado. Trata-se de uma pessoa madura (para Platão, o filósofo pode começar a governar aos 50 anos), perfeitamente formada nos seus conhecimentos e caráter, que tem como fim, graças à abolição da propriedade e da família privadas – consideradas como obstáculos ao bem de *todos* –, o bem-estar e a felicidade de todos os cidadãos. Ainda na metáfora organicista de Platão (ou seja, que a cidade bela deve ser como um único indivíduo), é interessante notar que todos os dons que o Ateniense atribui ao filósofo/rei envolvem intimamente quer a parte racional (inteligência, conhecimento), quer a parte afetiva da alma (amor, harmonia, coragem, temperança). Só a terceira parte da alma, a desiderativa, é muito limitada na caracterização do filósofo, embora não esteja completamente ausente; e isso é devido ao desinteresse total pelos bens materiais que deve caracterizar o governante.

Tudo isto não impede Adimanto, que agora intervém na discussão, de dar voz ao que podemos definir uma objeção do senso comum. Tudo o que Sócrates disse pode-se considerar muito belo, e os pontos tratados podem afirmar-se aceites por todos, mas pode-se fazer uma objeção de caráter geral: o discurso de Sócrates é, precisamente, um belo discurso, e *pelas palavras* (*lógoi*) ninguém teria críticas a fazer, mas *nos fatos* (*érgoi*) todos poderiam objetar que os filósofos são completamente diversos da descrição socrática, são estranhos, às vezes maus e, por conseguinte, completamente inúteis à cidade (VI 487b-d). A objeção é importante porque nos faz ver que Platão está sempre atento à relação teoria/*práxis*, e que as suas construções teóricas nunca são um fim em si mesmas, mas são pensadas com vistas a uma *práxis*; só que esta *práxis* não é a *práxis* fútil e mortificante do presente, mas a revolucionária do futuro. De fato, a resposta de Sócrates é aparentemente desconcertante: com efeito, quem faz esta objeção *diz a verdade* (VI 487d)! Por outras palavras, a separação teoria/*práxis* é a objeção superficial do senso comum que é incapaz de ir além do fenômeno para descobrir as suas causas. Por isso Sócrates diz que é verdade; mas o sentido desta verdade está noutro lugar e é revolucionário. Se a *práxis* desmente a teoria, decerto tem razão quem no-lo faz notar, mas erra quando recusa a boa teoria, isto é, quando se recusa a agir consoante a boa teoria, visto que a *práxis* dominante é outra. É a *práxis* que deve ser mudada, se a teoria for justa, e não esta a dever adaptar-se a uma *práxis* injusta.

Por conseguinte, Adimanto diz a verdade quando afirma que os mais honestos dos filósofos são inúteis, porque isto é verdade na cidade de hoje, onde a maioria dos homens e mesmo a maioria dos filósofos são más (VI 488-490). Isto porque também hoje a natureza filosófica é corrupta: aliás, é surpreendente notar que as mesmas qualidades que caracterizam a natureza filosófica podem afastá-la da filosofia, porque mesmo "a melhor natureza, se for educada de forma que não lhe é conveniente, sai-se pior do que a natureza medíocre". As almas mais dotadas, se receberem uma educação má, tornam-se extremamente más, em proporções não alcançáveis a uma natureza fraca, a qual nunca poderá ser causa nem de grandes bens, nem de grandes males (VI 491d-e; *cf.* também VI 495b: "uma natureza medíocre nunca faz nada de importante, nem a um privado, nem a uma cidade").

14.4. O navio, a barulheira, a besta e a cor humana

Por todo o VI livro, antes que a discussão se volte para o bem, Sócrates continua a mostrar que a cidade atual, com todo o seu aparato educativo, direto e indireto, não pode educar os verdadeiros filósofos, ou melhor, não pode dar-lhes a possibilidade de pôr ao serviço de todos as suas qualidades. Sócrates faz isso servindo-se também de uma série de imagens de grande eficácia. A primeira é *a do navio*. Imaginemos um navio, com um armador superior em grandeza e força física a todos os marinheiros, mas um pouco surdo e com escassos conhecimentos navais; todos os marinheiros discutem entre si, cada um pensando ter o direito de governar o navio, e agrupam-se à volta do armador, pedindo-lhe com todos os meios que este lhes confie o governo do navio e considerando bom piloto e perito em coisas navais quem quer que os ajude a tomar o poder do navio. Numa situação do gênero, o verdadeiro piloto é posto à parte porque é o único a conhecer as estações do ano, os movimentos dos astros, ventos e correntes, em suma, possui realmente a técnica da navegação. Esta tripulação, embora destrua o navio, não cessará de apelidar o verdadeiro piloto de charlatão, observador das coisas celestes, e perfeitamente inútil. Esta imagem "parece-se com as cidades nas suas relações com os filósofos" (VI 488a-489a).

Outra imagem é a da *educação por meio da barulheira*. Em todos os encontros de multidões, nas assembleias, nos tribunais, nos teatros, nos acampamentos, aprovam-se ou desaprovam-se tudo o que se diz com grande barulheira, gritos e tumulto. É óbvio que o jovem educado num ambiente do gênero será engolido por esta maneira gritante de aprovar ou desaprovar e deixar-se-á transportar pela corrente onde quer que esta o leve, e chamará belas ou feias as mesmas coisas que diz a multidão (VI 492b-d). A eficácia desta imagem é evidente, sendo supérfluo notar a forte crítica platônica à maneira de educar precisamente da sua, mas também de outras épocas, até a nossa.

Uma terceira imagem é a da *grande besta*. Há, nas cidades de hoje, mercenários, homens que vendem a educação, baseando-se exclusivamente em princípios seguidos pela maioria e ensinando aquilo que ela, ignorante, quer ouvir. Estas pessoas comportam-se como aquele que, tendo estudado com grande atenção as fúrias e os desejos de uma grande besta educada por ele, sabe exatamente quando aproximar-se dela, onde a tocar, o que a irrita e o que a amansa, o que a enerva e o que a acalma. A estas todas ele dá o nome de sabedoria, e põe-se a ensiná-la, ignorando completamente o que aquelas opiniões e aqueles desejos têm na realidade de belo ou de feio, de justo ou de injusto, seguindo sempre as opiniões da grande besta e chamando bom o que a alegra e mau o que a aflige, justificando-se depois ao dizer que tudo isto é necessário porque assim é na realidade (VI 493a-c). Também esta imagem é extremamente eficaz porque condena a educação e a política que se baseiam sempre no comprazimento das massas, no estímulo das suas opiniões e paixões. E a eficácia desta imagem perpassa evidentemente o tempo histórico de Platão.

Portanto, é claro que num ambiente como este o filósofo não pode salvar-se. As suas qualidades serão submetidas e dobradas ao "espírito dos tempos". Pouquíssimos, neste tipo de cidade, são os que se dedicam à filosofia de maneira digna, e têm verdadeiramente de se esforçar para manter-se puros da injustiça e de obras ímpias, com o resultado de viver a sua vida terrena com tranquilidade e serenidade. Certamente, comenta Adimanto, estes filósofos abandonarão a vida depois de terem feito não pouco! E Sócrates replica: mas não o máximo, porque num regime político adequado eles teriam podido aumentar as próprias qualidades e ser úteis a si mesmos e à cidade inteira (VI 496b-e).

Logo, é só numa cidade renovada que se pode realizar aquele "modelo divino" (500e3: *theíos parádeigma*) que desenhamos com os nossos discursos. E aqui temos a *imagem do desenho*, que conclui esta parte do discurso socrático. Como se faz este desenho? Após ter pegado na cidade e nos caracteres humanos, como se se tratassem de uma paleta, 1) em primeiro lugar, purificá-la-emos; 2) depois traçaremos o esquema da constituição; 3) em seguida, com mistura e diluição, formaremos a *cor humana* (501b5: *to andreíkelon*) das várias ocupações, de aspecto divino e semelhante aos deuses; 4) apagaremos e redesenharemos até que sejam criados os caracteres humanos o mais possível caros aos deuses. Esta nova "invenção cromática" introduzida aqui por Platão mostra bem o esquema de ação dos filósofos, tudo menos "desengajados" e com a cabeça nas nuvens. É uma metáfora de verdadeira ação política revolucionária: depois de tomar o poder, purificar a cidade de toda a maldade; em seguida desenhar o esquema da nova constituição; depois, com várias obras de mediação e ação política, traçar um esboço do futuro homem que deve começar a viver na nova cidade (belíssima a metonímia da "cor humana"!); e enfim, tentando várias vezes, não desistir da sua ação até as constrições e as persuasões exercidas sobre os cidadãos não terem levado à formação de caracteres humanos que "naturalmente" possam viver na cidade cara aos deuses (VI 500e-501c).

À persuasão da palavra se acrescenta a persuasão da pintura: esta pintura poderá persuadir os homens, se forem pessoas ajuizadas (501c9), deixar-se-á de poder objetar que os filósofos não amam a verdade (501d1-2), que a sua natureza não é familiar ao que há de melhor, e é perfeitamente boa e amadora do saber como qualquer outra. E não se zangarão mais quando dissermos que os cidadãos não terão trégua dos males se antes a estirpe dos filósofos não se tornar dona da cidade (*cf.* 473d, 499b), e se antes "a constituição que com o discurso expusemos como um mito não tiver plena realização" (501e4-5). Portanto, se um rei *impuser* (*cf.* 502b7) as leis que descrevemos, sem dúvida que não é impossível que os cidadãos queiram cumpri-las. Podemos concluir que as nossas normas são ótimas, se forem realizáveis; difíceis mas não impossíveis. É pois um encerramento (não definitivo, porque se voltará a ele), uma "sistematização" do tema muitas vezes mencionado do "difícil, mas possível" (*cf.* 472c-473a, 499c, e também 540a-b, 592a-b).

15. A questão da felicidade

Como dissemos, com Platão o que se reafirma de maneira forte é que a felicidade do indivíduo não pode realizar-se num estado de "isolamento", quer pelas condições concretas em que o homem vive, quer principalmente pela sociedade que o circunda. É impensável, para Platão, uma felicidade do indivíduo que exclua a felicidade da comunidade. Nisto Platão diferencia-se taxativamente de Aristóteles e dos filósofos da idade helenística. Mas com Platão assoma também a ideia não só de que é possível, mas também necessário "educar" o homem para a felicidade.

O que é, pois, a felicidade? Antes de mais, ela é um hábito e uma disposição da alma (como se diz no *Filebo*, 11d6), é uma atitude do homem reconhecível no seu comportamento. E pode, plenamente, ser considerada o fim da vida (como se diz no *Banquete*, 194d-205a). O homem quer ser feliz para ser feliz, não com vistas a outra coisa: aliás, tudo o que faz é feito com vistas a esse fim. Mas a felicidade é também algo complexo, não é simples. Ela exprime-se numa plenitude de vida que comporta o alargamento de todas as potencialidades do homem, das corpóreas e das inteletivas, sem mutilações. A vida boa e feliz é a vida "mista" de prazer e inteligência (como se diz no *Filebo*, 22b). Por fim, a presença necessária do prazer no horizonte da felicidade recebe, num passo das *Leis* (o último diálogo de Platão), uma das suas formulações mais claras; aliás, antecipando em cerca de dois mil anos as pesquisas dos filósofos sensualistas ingleses, Platão coloca a dinâmica prazer-dor no centro da reflexão sobre o modo de ser das constituições políticas. Se as leis dos Cretenses são consideradas entre as melhores, porque são justas e fazem felizes os que vivem sob elas, é precisamente porque elas puseram no centro da sua atenção a dinâmica dos prazeres e das dores (*Leg.* I 631b5): "prazer e dor, como duas fontes, escorrem livremente por natureza, e quem chega a elas no lugar, tempo e medida justos é feliz", a cidade, o indivíduo e cada ser vivo (*Leg.* I 636d-e). Portanto, o prazer é necessário à vida harmônica do homem. Para os pré-socráticos e também para Platão a vida feliz é aquela em que o prazer se integra numa harmoniosa disposição do indivíduo. Esta perspectiva, que torna Platão alheio a todas as interpretações que fizerem dele o expoente de um espiritualismo mortificante, ou até de um ascetismo, é muitas vezes reafirmada na *República* (X 619a-b), no *Górgias* (507b-508b), no *Político* (301d5).

Mas a felicidade não é só uma disposição "estática", por assim dizer, da alma: não é só um "estar bem", mas é também, talvez principalmente, um agir bem. E no agir bem estão implicados outros valores, além do prazer. O sábio, diz-se ainda no *Górgias*, sendo justo, corajoso e santo, é bom, e quem pratica o bem é bem-aventurado e feliz, enquanto que o maldoso e quem age mal é infeliz (*Gorg.* 507b-508b). Assim, no horizonte do *eu práttein*, da "boa ação", estão encerrados o horizonte da sabedoria, o da justiça, o bem e a felicidade. Isto significa que a felicidade é algo "visível", não só dentro da própria casa, mas também no espaço aberto da cidade. Em outras palavras, significa que ela reside numa relação harmônica não só conosco mesmos, mas também com os outros. E com isto chegamos ao grande tema da relação entre justiça e felicidade, que é tratado no *Górgias* e, naturalmente, na *República*. Talvez seja melhor percorrer brevemente o raciocíonio platônico nestes dois diálogos.

De fato, o núcleo das contestações que, no *Górgias*, Polo e Sócrates se fazem consiste exatamente em conhecer ou ignorar quem é feliz e quem não é. Na página 472d-473d, Sócrates resume as posições que se mostraram contrapostas, e são, como será amplamente esclarecido em seguida, não só por uma escolha digamos "ética", mas também por uma perspectiva teorética. Polo defende que um homem, mesmo que cometa injustiças e seja injusto, é feliz. De fato, considera o tirano Arquelau injusto, mas feliz. Sócrates, pelo contrário, afirma que isto é impossível; aliás, os injustos são ainda mais infelizes se não cumprirem a pena e não receberem a punição pelas suas injustiças. Mas Polo não está nada convencido, e insiste que, com base no discurso de Sócrates, se alguém for descoberto enquanto tenta apoderar-se injustamente do regime tirânico, e for torturado, mutilado, queimado, ultrajado, ele, os seus filhos e esposa, e no fim for crucificado para ser queimado, será ele porventura mais feliz de quem conseguir insinuar-se como tirano e passar a sua vida no governo da cidade? A resposta de Sócrates é importante: causas-me arrepios, mas não me refutas: nenhum dos dois é mais feliz, porque entre dois infelizes não pode haver um mais feliz; todavia, é mais infeliz quem escapou à pena. Isto significa que o apelo a um dado de fato, isto é, ao que acontece "normalmente", por si não indica nem confirma a verdade e a justeza de uma tese: por exemplo, o fato de existirem no mundo poucos ricos e potentes e uma massa enorme de pobres e subjugados não implica que seja verdade a doutrina de quem defende que esta é a única organização possível para a espécie humana. Por outras palavras, não se pode refutar uma tese simplesmente com base no fato de ela ser desmentida pelo que *agora* acontece.

Algumas páginas depois, em 478c3-479d, Sócrates faz uma "demonstração" da sua tese, recorrendo a uma das analogias por ele frequentemente usadas no campo das discussões éticas e políticas: a analogia com a medicina. Um homem tem a felicidade máxima quando é curado pelo médico ou quando não está doente? Se não estiver doente, ao que parece, a felicidade consistirá não na libertação do mal, mas em não ter esse mal. E entre duas pessoas que têm uma doença, é mais infeliz o que for curado pelo médico e dela se livra, ou quem não for curado? – Quem não for curado. – Pagar a pena é a libertação do máximo mal, a maldade. A justiça torna-nos sábios e justos. Logo, ela é a medicina da maldade. E então, é mais feliz quem não tem maldade na alma, e em segundo lugar está quem dela se livra, isto é, quem é castigado e cumpre a pena. Os que fogem da justiça veem só o seu aspecto doloroso, mas ficam cegos diante da sua utilidade, e ignoram que é mais infeliz viver com uma alma doente do que com um corpo doente, isto é, com uma alma corrompida.

Quais são as consequências deste discurso? 1. que injustiça e cometer injustiça, sem pagar a pena, são o máximo e o primeiro de todos os males; 2. pagar a pena é a libertação deste mal; 3. não pagar a pena é persistir no mal.

Aqui Polo torna-se silencioso, e intervém na discussão Cálicles, o interlocutor "forte" deste diálogo. As páginas 491-494 contêm a famosíssima tese hedonista e imediatista desta imaginária personagem, ou seja, teses que acabam por conotar um modo de sentir e de pensar que, poderíamos dizer, chegaram até aos dias de hoje mais ou menos imutados. Diz Cálicles, o belo e o justo conformes à natureza (491e7) são o seguinte: quem pretende viver retamente deve deixar os seus desejos crescerem desmedidamente, sem pôr-lhes freio, deve ser capaz de satisfazer estes desejos desmedidos com coragem e inteligência (492a2) e deve realizar cada desejo seu. Isto não é possível para a maioria e, a partir do momento que eles são incapazes de dar plena satisfação aos seus prazeres, louvam a temperança e a justiça (492a8-b1) por causa da sua falta de virilidade. Portanto, os que podem gozar todos os bens sem que ninguém lhes cause problemas tornam-se infelizes sob a lei da justiça e da temperança. A verdade é esta: se o desenfreamento, o desregramento e o arbítrio (492c4-5) tiverem condições favoráveis, constituirão a virtude e a felicidade; enquanto que o resto, as convenções humanas contrárias à natureza, é só tagarelice sem valor (492c7-8). As objeções de Sócrates, neste diálogo, são fracas e não convencem Cálicles. De fato, o *Górgias* conclui-se com a contraposição das duas teses, sem nenhuma mediação. Para poder responder a elas, Platão terá de alargar o horizonte metodológico e temático a outras perspectivas: é precisamente o que fará na *República*, com a introdução de outros parâmetros.

15.1. Justiça, felicidade e educação

No nosso diálogo, a relação entre felicidade e justiça recebe logo, desde o primeiro livro, a sua dupla solução, a de Sócrates e a de Trasímaco, uma em irredutível antítese com a outra. Para Trasímaco, que acusa Sócrates de não perceber nada do justo e da justiça, do injusto e da injustiça e, por conseguinte, de ignorar que a justiça e o justo na realidade são um bem alheio (isto é, o útil de quem é mais forte e tem o poder, um dano para quem obedece e é dominado), a felicidade pertence ao injusto; é a injustiça que governa a verdadeira ingenuidade dos justos, e os súditos fazem o útil de quem é mais forte, e ao servi-lo, tornam-no feliz, mas não tornarão felizes certamente eles mesmos (I 345c). A perfeita injustiça é portanto a que leva quem a comete à máxima felicidade, quem a sofre e não a quer praticar à extrema desventura. Para Sócrates, ao invés, é o homem justo que vive bem (353e10), o injusto vive mal. E quem vive bem é bem-aventurado e feliz, quem não vive bem é o contrário: logo, o justo é feliz, o injusto, desventurado; mas ser desventurado não é vantajoso (354a6) para ninguém, ser feliz sim. Duas teses nitidamente contrapostas, como se vê, entre as quais não é possível mediação. O fato importante é realçado numa frase de Sócrates: este discurso não versa sobre um assunto qualquer, mas sobre "o modo como se deve viver" (352d6); isto significa que a questão que se está a discutir não é uma pura questão teórica, cuja solução pode depender de pontos de vista diferentes, mas abraça a própria qualidade da existência humana.

Então, é a partir do II livro que a discussão – que agora se desenrola entre Sócrates por um lado e Gláucon e Adimanto por outro – não só começa a debruçar-se sobre o que é a justiça, mas também a focalizar a conexão entre justiça, felicidade e educação. Ora, isto leva-nos a uma das condições fundamentais para que possa existir a vida feliz: o conhecimento e a educação, declarados fatores essenciais desde os primeiros diálogos platônicos, precisamente para poder distinguir aparência de realidade, parecer de ser.

Estas contraposições são claras no nosso diálogo, onde, primeiro contra Trasímaco, depois contra Adimanto e Gláucon, os dois discursos contrapostos regressam. Há uma felicidade aparente, que é a do injusto que parece feliz, e uma felicidade real, que é a verdadeira. Logo no início do II livro, Sócrates afirma que a extrema injustiça consiste em parecer justo sem o ser (361a5): o justo não quer parecer, mas ser bom. A oposição regressa ainda no IV livro, na objeção de Adimanto, quando este pergunta a Sócrates como pretende defender-se de quem lhe disser que não faz absolutamente felizes os guardiões. Parecer felizes e ser felizes, segundo o que dissemos, são duas coisas bem diferentes: mas como as distinguimos? Não podemos basear-nos, verosimilmente, naquilo que os homens dizem ser: é presumível que Arquelau, a uma pergunta do gênero, respondesse ser verdadeiramente feliz, enquanto que nós afirmamos que parece sê-lo mas não é. E então? Uma coisa parece evidente: que para poder pronunciar um juízo que saiba distinguir parecer de ser e, por conseguinte, parecer felizes de ser realmente felizes, é preciso uma educação. Aqui, é claro que a relação parecer/ser, dirigida aos problemas da justiça e da felicidade, comporta uma reviravolta radical da mesma perspectiva com a qual enfrentamos todo o discurso. Para usar palavras nossas, comporta uma opção decisiva relativamente ao futuro e não ao presente.

De fato, se refletirmos no que se disse até aqui, apercebemo-nos de que o discurso platônico sobre a felicidade repentinamente se subverte assim que a felicidade é posta em relação com a justiça. Então resulta a tese, em aparência paradoxal porque contradita pela experiência, que o justo é feliz e o injusto, não. E se virmos bem, esta tese nunca é demonstrada, só reafirmada, obstinadamente, contra o que parece ser *a evidência das coisas*. Outra prova do caráter "utópico" e puramente "ideal" da filosofia e da mensagem platônicas, tal como no-lo legaram há mais de dois mil anos? Penso que não. A bem ver, aquela tese não pode ser demonstrada, precisamente porque não é um simples reflexo do existente, não se limita a oferecer ao existente o quadro teórico das suas referências e justificações, mas é a abertura de uma perspectiva nova, em que o dever ser é mais importante que o ser: numa palavra, não se limita a dizer-nos como se vive, ou a fornecer-nos uma série de máximas e de preceitos para viver melhor nas condições do presente, mas diz-nos como se deve viver no futuro.

Há uma página, no v livro (472b-473e), extremamente iluminadora para entender esta subversão dialética do discurso platônico. Chegamos a este ponto, diz Sócrates, à procura do que é a justiça; se a encontrarmos, contentar-nos-emos em dizer que o homem justo é o que lhe está mais próximo e o que dela participa. Portanto, procurávamos um modelo (472c4: *parádeigma*) que nos dissesse o que era a justiça em si, se podia haver um homem perfeitamente justo, e para a injustiça e o homem perfeitamente injusto o mesmo, de maneira que, tendo-os sob os olhos – como nos apareciam acerca da felicidade e do seu contrário –, fôssemos obrigados a reconhecer-nos a nós mesmos, não já com o escopo de demonstrar a possibilidade da existência destas coisas (472d2). Como se vê, todo o discurso platônico sobre a justiça é um discurso "teórico": não no sentido de um discurso abstrato, mas no sentido da descoberta de um método com base no qual poder julgar a realidade. Em termos modernos, poderíamos também dizer que é um modelo de discurso científico relativamente a um discurso empirista. Assim foi, por exemplo, de Demócrito a Galileu e Einstein.

Com o nosso discurso construímos o *parádeigma* de uma boa cidade; e, como pintor que, tendo desenhado um homem belíssimo, não poderia depois demonstrar a existência de um semelhante homem (472d4-7), também nós não dizemos pior, mesmo que não possamos demonstrar a existência de uma cidade que se governe no modo que se afirmou. Por outras palavras, a validade de um modelo deve ser temperada teoreticamente e não apenas com base na banal constatação do fato de ele não se encontrar realizado em nenhum lugar. Naturalmente, isto vale para um modelo ético e político, dado que o modelo científico, construído precisamente não com base numa generalização da experiência, deve ser capaz de justificar a realidade fenomênica, ou seja, a própria experiência, como fizeram Demócrito, Galileu e Einstein. Isto é assim exatamente porque a ciência explica o ser, a filosofia explica o dever ser.

E esta é a verdade, diz Sócrates. Se depois for necessário demonstrar de que modo e em que campo isso seria mais possível, então, para esta demonstração, é preciso convir sobre outra coisa. Podemos perguntar-nos se a prática é sempre igual à teoria, ou se é uma lei da natureza que a prática atinja a verdade menos que a teoria, embora a alguém não pareça tal? "Não me obrigues, em todas as coisas que vimos com o discurso, a ter de mostrá-las realizadas nos fatos em tudo e por tudo. Mas, desde que sejamos capazes de mostrar que uma cidade poderia ser governada no modo mais próximo ao que dissemos, pode-se dizer que encontramos a possibilidade de realizar as coisas que elencamos" (472e-473b1). Parece--me claro que aqui o mecanismo lógico de Platão distingue e une dialeticamente teoria e *práxis* no campo ético e político, dando uma certa primazia à teoria. De fato, só com base nela se pode estabelecer o que é o justo, o que são o bem e a felicidade. E a discussão versa precisamente sobre estes dois princípios, isto é, como diz Platão, sobre o plano da verdade; princípios que é preciso aceitar ou refutar exatamente neste plano, sem acrescentar como contraprova a não existência, de fato, de algo que possa exemplificar a sua realização real. Com efeito, trata-se, uma vez alcançado o acordo sobre os princípios, de agir no sentido da realização concreta de uma cidade que seja a mais próxima possível da que se estabeleceu "com o discurso".

Depois disso é preciso investigar e demonstrar o que se encontra agora mal feito na cidade para poder, com a mínima mudança possível, transformar a cidade. Bastaria *uma só mudança, decerto não pequena nem fácil, mas ainda assim possível*. Seria necessário que os filósofos governassem as cidades, ou que os que hoje têm o nome de reis e soberanos começassem nobre e apropriadamente a filosofar, de modo a fazer coincidir força política e filosofia. Se isto não suceder, nunca terminarão os males da cidade, nem esta constituição que agora vimos em teoria poderá jamais nascer no mundo do possível e ver a luz do sol. Exatamente isto me faz duvidar em falar, conclui Sócrates, vendo bem quão paradoxal é afirmá-lo: porque é difícil ver de que forma outra cidade – como soma de indivíduos ou como conjunto – poderá alguma vez ser feliz (473b-e).

Esta é, portanto, a solução platônica, que prevê uma necessária mudança e é profundamente revolucionária em relação ao existente. A possibilidade desta mudança se dar é anunciada de forma clara, juntamente com a sua radicalidade e dificuldade, e, como é óbvio, juntamente ao seu ir contra todos os modos de ver e todas as opiniões da maioria. Não nos interessa, aqui, discutir sobre esta solução, mas só realçar, do ponto de vista de nosso discurso, que para Platão esta é a única e a verdadeira condição da felicidade.

15.2. A felicidade possível

Não há necessidade só desta mudança de perspectiva para poder ver com justa luz a relação da felicidade com a justiça, uma mudança que põe de pernas para o ar todo o mecanismo das opiniões comuns, do modo de ver fácil, complacente e resignado de quem vive contentando-se simplesmente em sobreviver da melhor maneira e da forma menos inquietante possível. Platão pede-nos outra revolução mental, outra transformação de perspectiva, que em parte vai contra a "sabedoria" que o precedera, em parte contra as ideologias que depois dele, praticamente até hoje, dominaram o modo de ver este problema. Se a primeira reviravolta dizia respeito à relação entre parecer e ser, entre os quais a opção era decididamente pelo ser, ou melhor, por um dever ser contra um parecer que queria passar-se por ser, o que agora nos pede Platão diz respeito à relação parte/todo. Também aqui o Ateniense apresenta-nos uma opção que visa o todo: ou melhor, identifica a solução do problema posto pela relação felicidade/justiça na mudança do todo, que só pode determinar a mudança das partes, não vice-versa. Esta, que é a sua solução política, é também a solução do problema da felicidade.

A primeira declaração, claríssima, encontramo-la logo ao início do IV livro da *República*. "Todavia, nós não fundamos a cidade tendo como escopo que uma só classe da população fosse extraordinariamente feliz, mas que o fosse o mais possível a cidade inteira (420b8). [...] Então, demos forma à cidade feliz na sua totalidade (420c4), sem tornar felizes alguns poucos indivíduos separadamente tomados". Portanto, continua Sócrates, não nos obrigues a conceder aos defensores uma felicidade tal que faria deles tudo menos defensores. Como se vê, no horizonte explícito de um discurso sobre a felicidade, não só se realça o fato de a felicidade não poder pertencer a um só grupo, como o de ter de pertencer à cidade inteira. É óbvio também que se, por um lado, houvesse só a felicidade de um só grupo, ela não seria a felicidade do conjunto de todas as partes que compõem a cidade, por outro, o grupo que gozasse desta felicidade deixaria de exercer a sua função. E isto vale, obviamente, para cada uma das três classes que compõem a cidade. Porque cada homem, como cada classe, tem uma função específica na vida e, se não a cumpre, não lhe é mais vantajosa a vida (III 407a). Portanto, é preciso ter em vista a cidade inteira: porque só quando toda a cidade cresce sob o bom governo, a natureza concede a cada um dos grupos que obtenham a sua parte de felicidade (IV 421b-c).

A felicidade de um só homem, de poucos homens, não faz a felicidade da cidade, isto é, de todos, e é esta que os governantes devem visar (V 465b-466b). Mas em que consiste a felicidade de poucos e, por conseguinte, a infelicidade de muitos? Parece-me claro, também pelo que se disse, que para Platão a imagem da cidade feliz é, antes de mais, a de uma cidade em que todos cumprem as tarefas que por natureza estão destinados a cumprir e onde não haja disparidade econômica: a causa principal da corrupção de uma cidade é sempre a riqueza e a pobreza (IV 421c-422e).

É nesta ótica, não do presente, mas do futuro, que se desfaz o paradoxo do maldoso infeliz e do justo feliz, tese nunca demonstrada com argumentos *de facto,* mas sempre reivindicada por Platão. Só nesta 'terra ainda por avistar' se poderá realizar a verdadeira harmonia no interior do indivíduo e entre os indivíduos e só nela se poderá estabelecer a correta hierarquia entre os valores da alma e os do corpo. Os primeiros, mais importantes e dignos são os bens da alma sábia e temperante, depois a beleza e os bens do corpo e, por fim, os chamados bens relativos ao patrimônio e às riquezas. Hierarquia proclamada em tantos diálogos e que, só quando é retirada do contexto teórico e programático de Platão, faz pensar em utopismo, idealismo, espiritualismo platônico.

Para Platão, pelo contrário, é bem claro o mecanismo que poderá levar a esta revolução: na *República* – e com a mesma clareza nas *Leis* – a mola que dispara a mudança da cidade e, por conseguinte, dos homens que a habitam, é o uso do poder. Só os governantes que sejam verdadeiros governantes, os filósofos da *República*, poderão construir uma constituição política que realize a felicidade de todos. Um poder político nas mãos de poucas pessoas que estejam ligadas, convencidas e destinadas a este programa de renovação total poderia, sem necessidade de muitas fadigas nem de muito tempo (*Leg.* IV 711a), mudar a condição e os costumes da cidade.

Não só isso, mas Platão tem bem clara, realisticamente clara, a objeção "individualista" de todos os tempos, dos de outrora como dos de hoje: quando Clínias, nas *Leis*, objeta: e como podemos pensar que todos os cidadãos sigam sem demora quem tem o poder de usar com eles argumentos semelhantes de persuasão e ao mesmo tempo de violência (711c4)?; a resposta do Ateniense é cristalina. "Amigos, ninguém nos faça crer que uma cidade possa mudar de legislação de modo mais rápido e fácil com outro meio que não seja o da orientação de quem detém o poder, nem que agora as coisas aconteçam de modo diferente, nem que acontecerão diversamente no futuro. Porque para nós não é isto que é impossível ou difícil que se realize. Difícil é que aconteça mesmo isto, que se realizou poucas vezes durante muito tempo e, quando acontece, inúmeros bens, todos os bens realiza na cidade em que acontece... Assim, sobre cada poder temos de pronunciar o mesmo discurso, isto é, que quando a máxima força política se une à inteligência e sábia temperança no homem, então aí nasce a geração da constituição ótima e das melhores leis, pois por nenhuma outra forma poderia vir a ser" (711c-712a).

Como se vê, nesta ótica extremamente realista, em que não nos podemos iludir em mudar as coisas sem a posse do poder político e, por conseguinte, para o discurso que nos interessa, não nos podemos iludir em ser felizes se não em conjunto com a totalidade da cidade, homens e mulheres, desfaz-se o paradoxo do justo feliz e do injusto infeliz. Na discussão com os vários personagens: Polo, Cálicles, Trasímaco, Adimanto e Gláucon, Sócrates não refutava, mas contrapunha teses a teses; porque a tese deles era a teorização do sistema em vigor, a sua era de uma realidade ainda por vir, mas por isso fora de e contra aquele sistema; a tese deles era a do ser, a de Sócrates a do dever ser. A verdadeira "demonstração" da tese platônica é dada só com o alargamento do horizonte e da perspectiva do seu discurso, considerando a humanidade não como é, mas como deve tornar-se.

É neste horizonte e nesta perspectiva que parte realisticamente da constatação do existente para propor a necessidade da mudança (que decerto não é uma "fuga" da realidade, mas um programa de renovação da realidade), que se insere também a dimensão ética, se se quiser, da mensagem platônica. Não vale a pena nem faz sentido objetar, como se fez de Aristóteles a Popper até hoje, que este predomínio do todo sobre a parte significa a subjugação, a ditadura mortificante da individualidade. Por um lado, porque a ótica platônica constrói-se sobre um modelo epistemológico forte, ou seja, que é a qualidade do todo que passa para a da parte e não vice-versa. Isto significa, para o problema que nos interessa, que pode até haver indivíduos bons e justos numa cidade má, e que esta tente eliminá-los (veja-se o caso de Sócrates), mas nunca poderá fazer com que todos sejam bons e justos. E, por outro lado, porque permanece sempre intato o valor ético, político, social da observação platônica de que não há e nunca poderá haver felicidade para o homem, para a espécie humana como unidade, se for a maioria dos homens, isto é, a maior parte dos indivíduos, a não ser feliz.

A solução platônica do problema da felicidade está intimamente ligada à solução do problema político, e esta, por sua vez, está ligada à solução do problema social. Todas as críticas que, de Aristóteles em diante, se fizeram à concepção platônica não têm em conta esta íntima conexão, e atacam a teoria platônica com base em pressupostos não só políticos, mas também antropológicos (além de, naturalmente, com base nas próprias convicções ideológicas). Está na própria natureza do homem, critica-se, desejar uma propriedade e uma família privadas, e a teoria platônica, ao abolir estas realidades "naturais", anuncia soluções não só utópicas, mas também e principalmente irrealizáveis e indesejáveis. Com efeito, trata-se da contraposição de dois modelos antropológicos claramente antitéticos e as duas concepções são evidentemente opostas. O valor do "modelo" platônico mede-se exatamente nesta oposição: *contra* uma concepção do homem visto como individualidade oposta a outras individualidades em relação aos seus interesses, paixões, desejos, pensamentos; *contra* uma concepção que vê a sociedade como uma tentativa de conciliar estas individualidades opostas numa ordem política que procura mantê-las juntas em modo – também constitucionais – diferentes, salvaguardando, porém, a sua irredutível "privacidade", Platão oferece um modelo completamente diverso. Trata-se de pensar não só o indivíduo como *hen ek pollôn*, unidade composta por diversas partes (as partes constituintes da sua "alma", como vimos), mas a cidade inteira, isto é, a sociedade humana, a espécie humana, como unidade composta por partes diferentes. Tal como a unidade e a diversidade são os fatores constituintes de cada indivíduo, também o são da nova "cidade"; e tal como é fundamental para o indivíduo encontrar e realizar a harmonia entre as suas diferentes partes constituintes, também é fundamental para a sociedade encontrar e realizar a harmonia entre as suas diferentes partes constituintes, se se quiser uma sociedade (por conseguinte, os homens que a compõem) que seja justa e feliz simultaneamente.

Tudo isto não é utopia, no sentido posterior do termo, de uma fantasia que projeta sonhos no futuro. Platão, muito realisticamente, identifica com precisão quais são os dois males fundamentais da cidade existente: "Riqueza e pobreza: uma produz luxo, preguiça e distúrbios sociais, outra, falta de liberdade, incapacidade de bem agir e distúrbios sociais" (IV 422a1-3). Cada cidade existente está, portanto, dividida em duas, "inimigas entre si: a cidade dos pobres e a dos ricos. E dentro delas existem muitíssimas outras" (IV 422e9-423a1). Se, pelo contrário, a cidade for pensada como unidade coesa, como único organismo, então, coerentemente, o seu máximo mal será o que a divide e a torna múltipla de uma que era, o máximo bem, o que a liga e a torna una (V 462a-b). E num único organismo "o elemento de coesão é a comunhão de prazer e dor, quando todos os cidadãos se alegram e se desgostam de igual modo pelos mesmos acontecimentos e as mesmas desgraças, enquanto que [...] um fator dissolvente são os prazeres e as dores particulares, quando [...] uns sentem máximo desgosto e outros, máxima alegria" (V 462b-c).

Esta "revolução" no modo de ser e de existir comporta naturalmente também uma revolução no modo de pensar e, por conseguinte, de falar. Platão oferece-nos, neste livro, uma representação muito eficaz da transformação da linguagem que acompanhará a sua "revolução". A cidade bela será "a que mais se aproxima a um só homem" (V 462c10). "Se acontece algo, de bom ou de mau, a *um cidadão*, esta cidade reconhece logo que aquele acontecimento diz respeito diretamente a ela e partilha todo o prazer ou a dor do seu cidadão" (V 462d8-e2). E só na nova cidade todos os homens poderão considerar e tratar todos os outros homens não como *estranhos (allótrioi)*, mas realmente como pertencentes a uma única comunidade (*oikéia*). Abolindo a propriedade da terra e qualquer outra propriedade privada e não tendo ninguém "outra posse pessoal senão o próprio corpo" (V 464d9), a mesma palavra "meu" passará a indicar não algo pessoal, mas algo de todos: "se um *indivíduo* estiver bem ou mal, *todos* os cidadãos dirão estas expressões: 'as minhas coisas' vão bem ou 'as minhas coisas' vão mal" (V 463e).

16. O bem, a linha e a caverna: entre o conhecimento e a práxis

Entre o fim do VI livro e o início do VII desenvolvem-se alguns dos temas mais significativos da *República*, diria até de toda a filosofia platônica. Trata-se das páginas em que se fala da ideia do bem e onde se desenvolvem as duas famosas imagens da linha e da caverna, para chegar a uma importante definição da dialética.

"Vamos então ao que tu dizes ser a máxima disciplina e o seu objeto", solicita Adimanto; a máxima disciplina é a ideia do bem (VI 505a2). Mas Sócrates apressa-se logo em pôr os pingos nos 'is' acerca de duas coisas: 1) que dela nós *"não temos um conhecimento adequado"* (VI 505a5-6), mas também, e simultaneamente, que 2) "mesmo que conhecêssemos perfeitamente todo o resto, não retiraríamos nenhuma vantagem daí, tal como não retiraríamos se possuíssemos qualquer coisa sem o bem, isto é, se percebêssemos tudo sem perceber o belo e o bem" (VI 505a5-b2). Estas duas explicações parecem-me muito significativas: por um lado, realça-se a imperfeição do nosso conhecimento, por outro, a *necessidade* deste conhecimento, porque ele é fundamental para os fins "práticos", isto é, políticos e éticos. Com efeito, é da ideia do bem (e não é por acaso que esta é a primeira especificação que dela se dá) que *"as coisas justas e as outras" retiram a sua utilidade e a sua vantagem* (VI 505a4). Como se vê, logo desde o início, a esfera prática liga-se à esfera teorética, do conhecimento, por estes dois aspectos: a imperfeição, a incompletude de um conhecimento, que é acompanhado da necessidade de um "uso" *daquele* conhecimento, para que a inutilidade e a imprestabilidade não se abatam sobre todos os nossos conhecimentos. Portanto, é necessário que o filósofo, quando é também guardião, compreenda realmente a importância disto, ou seja, "em que relação estão as coisas justas e as belas com as coisas boas" (VI 506a4-5). Parece-me claro que o filósofo pode também ter conhecimentos imperfeitos sobre a justiça e a beleza, como de resto sobre qualquer outra ideia, mas o filósofo que está no poder não pode absolutamente ignorar a relação que todos os seus conhecimentos devem ter com o bem: por outras palavras, deve saber com certeza como deve agir para que a sua ação leve a bons resultados.

Mas Sócrates continua ainda a dizer que não sabe o que é o bem: "mas se não é justo – concorda Adimanto – que alguém fale das coisas que não sabe como se as soubesse, é porém justo querer falar como homem verdadeiramente convencido da própria opinião". O convite a Sócrates é para que ele exponha as suas opiniões sobre o bem, mas a intervenção de Gláucon corta o mal pela raiz: "agora não é mais o momento de declarar a própria ignorância, ou melhor, a insuficiência das opiniões verdadeiras relativamente à *epistéme*, isto é, ao saber certo, à ciência: agora nós queremos escutar-te e ficaremos satisfeitos se tratares do bem como trataste da justiça, da temperança e das outras virtudes". E Sócrates finalmente consente, com uma clara limitação: "Também eu ficarei satisfeito, mas temo não conseguir. Por isso, deixemos estar por um momento o que é o bem em si e tratemos do filho do bem, a ele similíssimo" (506c-e).

Ora, se explicitarmos todas as afirmações implícitas nestes passos, resulta 1) que Sócrates, até agora, não fez outra coisa senão exprimir as suas opiniões sobre a justiça e as outras virtudes, mas estas opiniões não eram certamente um saber científico, sendo por isso necessário ainda ter de investigar muito sobre elas para se estar certos da sua verdade; 2) que estas opiniões, se forem verdadeiras, isto é, se forem aceites e partilhadas pelos interlocutores, podem bastar à investigação e discussão que se está fazendo, salvo se tiverem de ser retomadas e investigadas de novo; 3) que mesmo sobre a ideia do bem Sócrates não possui um saber certo e, por conseguinte, não vai tratar dela como se soubesse o que de fato não sabe; 4) que a argumentação que se inicia agora não dirá respeito à ideia do bem em si, mas a algo que muito se assemelha a ela e que, por ora, indicamos com os termos "filho" ou "fruto" do bem (VI 507a3). Como se disséssemos que, não podendo ter ciência do "pai", contentamo-nos com uma ciência do "filho". Mais duas imagens ainda, ou metáforas, a introduzir a argumentação que se baseará *completamente* sobre imagens e metáforas.

Vimos que o horizonte desenhado pelo máximo conhecimento é desde o início um horizonte prático, político: utilidade e vantagem (VI 505a4), não aparentes, mas reais (VI 505d). Depois houve a notação socrática a dizer que trataria não da ideia do bem, mas da de filho do bem e, por conseguinte, a declaração explícita da primeira analogia. O horizonte do discurso que começa agora, horizonte onde se desenrolarão as imagens seguintes da linha e da caverna, é o da clássica distinção entre mundo visível (isto é, em geral, sensível) e mundo inteligível. Isto significa certamente que aqui se coloca o problema do conhecimento, como se reafirmou mais de uma vez, mas principalmente que aqui se coloca a relação entre conhecimento e *práxis*, ou seja, entre o mundo das nossas aquisições intelectuais e o da nossa vida concreta, isto é, política.

16.1. *O sol e a ideia do bem*

"Portanto, nós dizíamos – inicia finalmente Sócrates – que há muitas coisas belas e muitas boas, e todas assim as chamamos e definimos com o discurso. E em seguida dissemos que existem o belo em si e o bom em si, e dessas muitas coisas consideramos cada uma em relação a uma ideia, que dizemos ser una, e cada uma chamamos "o que é". E que muitas coisas se veem, mas não se apreendem com o intelecto, enquanto que as ideias se apreendem com o intelecto, mas não se veem. Ora, nós vemos as coisas visíveis com a visão e as outras coisas sensíveis com os outros sentidos. A faculdade mais perfeita é a da visão, porque, diferentemente dos outros sentidos, precisa de outra coisa, isto é, da luz, que é a ligação mais preciosa entre a sensação da visão e a possibilidade de ser visto. Da luz é senhor o sol, cuja luz permite ver e ser visto. Pois, a relação entre a visão e este deus é por natureza a seguinte: a visão não é o sol, mas aquele que dos sentidos mais lembra no aspecto o sol, e a sua faculdade deriva-lhe do sol; o sol não é a visão, mas sendo sua causa, é por ela visto. E então eu chamo o sol filho do bem, gerado pelo bem e análogo a ele, de maneira que no mundo inteligível o bem é relativamente ao intelecto e aos inteligíveis aquilo que no mundo sensível o sol é relativamente à visão e aos visíveis" (VI 507b3-508c2).

Portanto, a analogia é também matemática, a construção de uma relação, de uma proporção, que podemos esquematizar da seguinte maneira:

no mundo inteligível   no mundo visível
bem: intelecto/inteligíveis = sol: visão/visíveis.

"Tal como há diferença, relativamente à faculdade de ver enquanto tal, entre ver com a luz do sol e ver por meio das luzes noturnas, o mesmo acontece com a alma: quando ela se fixa de maneira sólida sobre o que é iluminado pela luz da verdade e do que é, colhe-o e conhece-o, e é evidente a sua inteligência; quando se fixa no que é misto de trevas, no que nasce e morre, então só tem opiniões e assemelha-se a uma pessoa que não tem intelecto" (VI 508d). Tudo isto significa que um homem que conhece e tem inteligência das coisas inteligíveis pode ser o mesmo homem que, pelo contrário, quando considera o mundo do devir, se deixa influenciar pelas opiniões mais comuns e parece não ter intelecto. O que conta, no-lo diz Platão, direta e indiretamente, é a ligação que deve unir o conhecimento intelectual à vida prática. "Ora, o que dá verdade aos objetos conhecidos e dá a faculdade de conhecer a quem conhece é precisamente a ideia do bem, causa da ciência e da verdade. E tal como no mundo visível a luz e a visão são semelhantes ao sol, mas não são o sol, assim, no mundo inteligível a ciência e a verdade são semelhantes ao bem, mas não são o bem. A condição do bem deve ser tida em consideração ainda maior" (VI 508e1-509a5).

Aqui é claro que a ideia do bem é o que transforma os conhecimentos num sistema fortemente organizado que podemos chamar ciência, *epistéme*; e, ao mesmo tempo, dá verdade, em nível superior, aos mesmos conhecimentos, é o que dá *maior valor* aos próprios conhecimentos. Neste sentido, deve-se interpretar a ideia do bem como *causa* também da verdade; e esta ideia do valor maior que a ideia do bem confere aos conhecimentos será reafirmada logo em seguida, realçando mais uma vez que o sentido do que se está a dizer está no interior da imagem que se está a usar. "Continua então a examinar esta imagem. O sol confere aos objetos visíveis não só a faculdade de serem vistos, mas também geração, crescimento e alimento, embora ele mesmo não seja geração; da mesma forma, o bem confere aos objetos cognoscíveis não só a propriedade de serem conhecidos, mas também ser e existência, embora o bem não seja existência, mas algo que por dignidade e potência está além da existência (VI 509b9: *epékeina tes ousías*)" (VI 509a-b).

Parece-me claro o sentido de toda a imagem e a analogia do sol, rebento do bem e senhor da luz. Este sentido é também duplo e não se reduz a uma simples contraposição entre o mundo sensível e o inteligível. A duplicidade da função, cognitiva e prática, respectivamente do sol e do bem, *é interna* a cada mundo e não realça a sua contraposição. De fato, no mundo sensível, isto é, no mundo concreto do nosso viver, o sol é *quer* o que torna as coisas *visíveis* – mundo do conhecimento –, *quer* o que torna as coisas *possíveis* – mundo da vida –, sem que ele mesmo seja conhecimento ou vida, porque está *além* do visível e do existente. Exatamente como no mundo inteligível, isto é, na construção dos nossos conhecimentos, o bem é *quer* o que dá verdade aos nossos conhecimentos, *quer* o que permite a sua boa realização, ou seja, insere-os na concretude da nossa existência, sem que ele mesmo seja reduzível à existência, porque está *além* da existência. Em suma, trata-se do horizonte aberto do *dever ser*, do nosso agir *em vista* de algo que não há, mas que pela sua altíssima dignidade merece todo o esforço do filósofo/governante que tende a realizá-lo. Numa palavra, o bem, estando "além" da existência, não é de modo algum uma realidade "transcendente" ou metafísica, mas sim o fim das nossas ações e, simultaneamente, o que dá valor à nossa ação.

16.2. A linha: a faculdade do conhecimento e os seus objetos

Aqui a imagem/analogia do sol passa para a da linha. Aliás, desdobra-se em duas outras imagens/analogias, a da linha e a da caverna, que estão intimamente ligadas: a primeira é finalizada na segunda. A meu ver, isto impede que se considere a imagem da linha de um ponto de vista exclusivamente gnoseológico, isto é, como se servisse apenas para ilustrar a "teoria platônica do conhecimento". Naturalmente, isto existe na analogia, mas não é tudo e aqui não é a coisa mais importante. A imagem da caverna deve ser "aplicada" à imagem que se concluiu, isto é, à da linha: uma imagem explica a outra.

Portanto, há dois gêneros, o visível e o inteligível: "É como se pegasses numa linha dividida em segmentos desiguais e, mantendo constante a relação, subdividisses ainda o que representa o gênero visível do que representa o gênero inteligível" (VI 509d4-8). Até aqui, tudo é claro. Dividem-se os primeiros dois segmentos em dois, de maneira a resultar quatro segmentos e, por conseguinte, os dois segmentos originários, que representam os dois mundos – sensível e inteligível –, são distinguidos em outros dois segmentos. "Terás, em relação recíproca de clareza e obscuridade, A) no mundo visível, um primeiro segmento: 1. as imagens (509e1: *eikónes*). Por imagens entendo as sombras, as que aparecem na água e nos espelhos, e em coisas do gênero; 2. um segundo segmento, que é aquilo a que se assemelha o primeiro: os animais, as plantas e todos os objetos artificiais. Ora, tal como o opinável se distingue do cognoscível *relativamente à verdade*, também a imagem se distingue daquilo de que é imagem; B) no gênero do inteligível: 3. a alma procura o inteligível recorrendo, como que a imagens, àquelas que no caso anterior eram as coisas imitadas, partindo de *hipóteses* e indo não para o princípio, mas para o fim; 4. na outra parte, que conduz a um *princípio não hipotético*, a alma procura o inteligível partindo de hipóteses, mas sem as imagens relativas ao inteligível, e pesquisando exatamente com as ideias e por meio delas" (VI 509e-510b).

Esta primeira formulação da imagem da linha presta-se a considerações importantes. Antes de mais, não se trata de uma distinção ontológica, que diz respeito à existência ou não existência de algo, ou pior ainda, à "maior existência" de algo relativamente a outra coisa: estamos sempre, nos quatro segmentos, no plano da realidade. A "inferioridade" de um segmento relativamente ao sucessivo não diz respeito à realidade, mas à verdade. Isto diz-se de maneira clara em VI 510a9: é em relação à verdade que as imagens se distinguem daquilo de que são imagens, mas todas, as imagens que "aparecem" e as coisas que "são", pertencem ao plano da realidade. Portanto, a distinção parece pertencer ao nível gnoseológico: a isto alude não só a relação entre clareza e obscuridade (VI 509d9), mas também a outra, problemática, referente ao "opinável" e ao "cognoscível" (VI 510a9). Onde é claro que o opinável se distingue do cognoscível porque só a este último cabe a verdade, enquanto que ao outro não. Mas a consequência desta analogia na analogia levaria a estabelecer que também não se poderia ter conhecimento das imagens, enquanto que das coisas reais sim. Haveria, portanto, um conhecimento das coisas contra a mera opiniabilidade das imagens, e, a rigor, não correto, visto que se pode dar naturalmente um conhecimento também das imagens, quando são reconhecidas como tais. Mas talvez a chave esteja propriamente na menção da clareza e da obscuridade. Haveria um "conhecimento obscuro", que podemos chamar opinião, e um "conhecimento claro", que chamamos simplesmente conhecimento, e a diferença residiria apenas *no método* com o qual nos dirigimos para os objetos do nosso conhecimento. Isto aparece de maneira clara em VI 510b8-9, onde se diz que quando um homem usa as ideias e investiga só com as ideias, está a "construir" a sua via, isto é, precisamente o seu método.

No que diz respeito ao segundo segmento, dado que a exposição socrática não parece muito clara a Gláucon, Sócrates oferece a sua segunda formulação do nível B). Assim, temos: "3): alguns dos que se ocupam de geometria, cálculo e coisas afins, admitem por via hipotética o ímpar e o par, as figuras geométricas, três espécies de ângulos e coisas semelhantes. E como se conhecessem estas coisas, reduzem-nas a hipóteses e pretendem não ter de dar conta nem a si mesmos nem aos outros, como se fosse coisa clara a todos. Estas pessoas fazem uso das espécies visíveis e a partir delas constroem discursos, mas têm em mente as coisas às quais estas se assemelham, e servem-se das coisas que modelam como se fossem imagens, procurando ver as realidades em si que não se podem ver senão com a razão discursiva (VI 511a1: *diánoia*). Esta ideia é sim inteligível, mas de tal modo que a alma é obrigada a investigá-la *servindo-se de hipóteses* sem se dirigir para o princípio, dado que não é capaz de transcender as hipóteses, mas serve-se delas como antes se servia das imagens. É o mundo da geometria e das artes irmãs" (VI 510c-511b).

Aqui esclarece-se explicitamente que esta secção pretende simbolizar os conhecimentos matemáticos, geométricos, e das "artes irmãs": as imagens ainda estão presentes e incanceláveis. Elas são, por um lado, as figuras reais que se "veem", isto é, percepcionam-se sensivelmente, como os triângulos, quadrados, todas as figuras geométricas que estes homens constroem desenhando, figuras que constituem uma espécie de "ideias visíveis" (VI 510d5); mas, por outro lado, são, mais em geral, "hipóteses" puramente racionais. De fato, a elas pertencem também "o par e o ímpar" (VI 510c4), que não são, a rigor, imagens visíveis. Hipóteses, portanto, no sentido literal de algo que se "sobrepõe" ao dado sensível para compreendê-lo e conhecê-lo, algo que porém não deriva do próprio dado sensível por via de abstração, mas constitui precisamente o "modelo" racional, só racional, que permite compreender e conhecer a imagem sensível. E a imagem continua a estar fortemente presente: não só são imagens as "coisas" às quais aplicamos o "modelo" do triângulo, do quadrado etc., mas são imagens as mesmas figuras geométricas que eles desenham (VI 510e1), imagens de algo que não se pode "ver" a não ser unicamente com a razão discursiva (*diánoia*); imagens/hipóteses que estas ciências assumem de maneira imediata. Por um lado, aqui Platão realça a imediatez intuitiva das ideias matemáticas (par/ímpar) e das geométricas (triângulo etc.), mas também o fato de o método hipotético assumido por elas ser um método axiomático, isto é, a-dialético. Portanto, a característica de todas estas ciências é o fato de elas não "*darem conta*" das imagens/hipóteses que assumem, exatamente porque as consideram coisas evidentes a todos (VI 510c7-d1; *cf.* VII 531e1-5).

Temos por fim: "4) a outra secção do inteligível, a que o próprio discurso atinge com a "força da dialética", fazendo das hipóteses não princípios, mas realmente "pré-supostos", quase como pontos de apoio e de salto, para que ao dirigir-se para o que não mais tem pressupostos, ao princípio de tudo, e ao atingi-lo, volte, apegando-se *pari passu* ao que dele deriva, a descer até às conclusões, sem servir-se absolutamente nada do sensível, mas só das ideias, por elas e através delas, e se termine nas ideias" (VI 511b-c).

Neste ponto há uma intervenção importante de Gláucon, que agora declara compreender, mas não suficientemente, porque lhe parece que Sócrates está a descrever uma operação muito complexa (VI 511c3-4). E oferece um resumo do que Sócrates disse, que é mais ou menos isto: "Com isto pretende-se definir aquela parte do real e do inteligível que é contemplada pela "ciência dialética" e que é mais clara do que a contemplada pelas chamadas artes, para as quais as hipóteses são princípios. E os que observam os objetos das artes são obrigados a observá-los com o pensamento discursivo sem fazer recurso às sensações, e parece-te que não usam o intelecto porque os examinam sem retornar ao princípio, mas por via de hipóteses, mesmo que aqueles objetos sejam inteligíveis. E tu chamas *diánoia* à condição destas pessoas, e não intelecto, e considera-a algo entre a opinião e o intelecto" (VI 511c-d). Sócrates aprova incondicionalmente esta interpretação de Gláucon.

Esta última secção da linha, como se diz explicitamente, simboliza portanto a dialética. De forma declarada, ela é a única disciplina, aliás a única ciência, a não recorrer a imagens. Mas o seu ponto de partida é dado por imagens, só que elas não lhe servem para permanecer ancorada ao mundo das imagens, e sim para ir além dele. Todavia, aqui é importante o fato de a hipótese, que de certo modo é sempre uma imagem e constitui o "princípio" inteligível de explicação e conhecimento do mundo real, constituir agora somente a base para o salto aquisitório de outro "princípio" que não é mais uma hipótese, mas que funda todas as outras hipóteses e não é, por sua vez, fundado por nada. Como é natural, é o mundo das ideias (*cf.* VI 511b5), metodologicamente bem-distinto não só do mundo das coisas sensíveis, mas também do das imagens científicas que servem para explicar as coisas sensíveis.

Após ter aprovado o "resumo" de Gláucon, Sócrates dá o último retoque ao seu desenho: a qualificação de "disposição", que Gláucon destinara ao segmento da *diánoia*, agora torna-se a qualificação de quatro "*pathémata en têi psychêi*": trata-se, portanto, de quatro "*pathémata*" da alma, isto é, afeções, características, atitudes, disposições, funções da alma. Eles são, partindo do último, ou seja, do mais alto: "4. a intelecção, *nóesis*; 3. o pensamento dianoético, *diánoia*; 2. a crença, *pístis*; 1. a imaginação, *eikasía* (VI 511d8-e2), e estão ordenados proporcionalmente, afirmando que do mesmo modo em que o seu objeto participa da verdade, também eles participam de clareza" (VI 511d-e). E aqui, diria quase bruscamente, termina o VI livro.

Como se vê, é reafirmada, com toda a problematicidade que isso comporta, que a relação analógica fundamental é a da verdade e a da clareza, relação que liga os quatro segmentos da linha; razão pela qual, se houver uma gradualidade, isto é, uma relação de menor a maior, isso não diz absolutamente respeito ao nível ontológico, e sim ao gnoseológico, o qual visa a verdade e a clareza. Cada segmento, entendido como faculdade, possui uma capacidade maior, relativamente ao segmento ou aos segmentos que o precedem, de alcançar verdade e clareza. Tal como cada segmento, entendido como objeto da faculdade, ou seja, aquilo a que a faculdade se aplica, possui não uma realidade maior, relativamente ao segmento ou aos segmentos que o precedem, mas sim uma possibilidade maior de ser objeto de conhecimento verdadeiro e claro.

16.3. Imagens e metáforas: a "reviravolta" da alma

O VII livro marca então a transformação da imagem da linha em imagem da caverna e, ao fechar o círculo da argumentação, oferece os parâmetros para um correto modo de ver a relação conhecimento-*práxis*. Neste encerramento da argumentação platônica distinguem-se, em especial, três temas: a "sabedoria", a "obrigação" e a "canção dialética". Mas é também de notar que o encerramento está continuamente "cumulado" de imagens e de metáforas, marcando a exclusiva e inigualável "corposidade" do discurso platônico. Antes de mais, o discurso constrói-se e declara-se ele mesmo como imagem, uma imagem dita, porque construída com palavras e, por conseguinte, uma imagem que pode ser *ouvida* (*cf*. VI 488a1); mas também uma imagem que pode ser *vista*, porque as palavras, como os pincéis, são capazes de desenhar (*cf*. V 472d-e; VII 514b7), e até, como os cinzéis, de esculpir (*cf*. VII 540c3). Como tal, a imagem pode até "sobrepor-se" a outra, precisamente como acontece quando cobrimos um desenho com papel de acetato estampado e esta sobreposição nos faz ver mais coisas do que o que parecia à primeira vista. Portanto, em perspectiva, uma coisa como deveria ser ou será relativamente a uma coisa tal como é (*cf*. VII 517a-b: "é preciso aplicar esta imagem ao que se disse antes").

Naturalmente, e Platão sabe-o muito bem, o uso das imagens e das metáforas é o sinal da consciência de uma tensão para a conquista da verdade que nunca pode aquietar-

-se, porque o caráter específico da pesquisa é justamente o de ficar sempre em aberto: a imagem é, propriamente, um filtro construído por nós, através do qual podemos "ver" a verdade, o filtro "visual" através do qual ela nos aparece. Também aqui, há a dupla consciência de que esse filtro é imprescindível, porque é a única possibilidade que os homens têm de aproximar-se da verdade, mas ao mesmo tempo o filtro constitui um convite a olhar além, isto é, a colher o significado que está para além da imagem; sem nenhuma garantia que aquilo que se colhe seja a absoluta verdade. Isto parece-me claramente dito em VII 532-533, onde Gláucon, exatamente a propósito da dialética e da ideia do bem, observa: "Aceito (VII 532d2) que as coisas estejam assim. Embora *a mim pareçam sumamente difíceis de aceitar, e por outro lado difíceis de não aceitar* (VII 532d2-4)". A dificuldade de Gláucon, posta aqui em cena por Platão, é a de colher a imagem como *sinal de outra coisa*, de ir para além da imagem para atingir o autêntico significado que ela quer veicular, com a consciência de que este significado, a verdade, é sempre aquela que somos capazes de ver agora, e não uma verdade absoluta. De fato, isto é o sentido da resposta de Sócrates: "Tu não verias a imagem de que falamos, mas a verdade mesma, pelo menos, como ela me aparece: *se é efetivamente assim ou não*, não é o caso de o sustentar; mas que a sua visão é qualquer coisa nesse gênero, deve manter-se" (VII 533a3-4). Logo, o homem não pode ter a certeza absoluta de que o que lhe aparece e ele afirma ser verdadeiro seja efetivamente tal: pode, no máximo, ter a esperança que assim seja. Como diz claramente Sócrates, quando ao explicar a imagem da linha com a da caverna e falar da elevação da alma ao mundo inteligível (VII 517b4-5), declara que, se Gláucon conseguir realizar aquela sobreposição, não estará longe da sua esperança, porque é exatamente isso que ele deseja escutar: *"mas só um deus sabe se ela por acaso é verdadeira"* (VII 517b6-7).

Como dizia, o VII livro todo está pleno de imagens e metáforas, veículos de significados profundos. Gostaria de lembrar apenas duas, intimamente conectadas entre si: a da cegueira e a do 'para cima'. Há, pois, dois gêneros de cegueira, de perturbação para os olhos, devidas a uma dupla razão: quando eles passam da luz às trevas ou quando passam das trevas à luz (VII 518a). E o mesmo acontece também com a alma: se vier de uma vida mais esplêndida, fica ofuscada por causa da falta de hábito, ou então, se vier da ignorância (VII 518a7), fica deslumbrada. E nisto, cremos, admitindo que seja verdadeiro (VII 518b6-7): que a *paidéia*, a educação, não é como algumas pessoas sustentam, dizendo que eles *põem o saber* (VII 518c1) na alma, quase como se *infundissem a visão em olhos cegos*. Enquanto que o presente discurso mostra que esta capacidade (VII 518c5) e esta faculdade são ínsitas na alma de cada um, e graças a elas é possível virar o olho *junto com todo o corpo* (VII 518c7), das trevas para a luz. Logo, essa faculdade *deve ser virada* (VII 518c8-9) do mundo do devir *com toda a alma*, até ser capaz de suportar a contemplação do real e da parte mais luminosa do que é, a que chamamos justamente o bem (VII 518c9-d1). Esta é a arte da *conversão*, da *periagogé* da alma, de modo a ser virada (518d4-5) mais fácil e eficazmente: não é a arte de infundir a visão nos olhos, mas de a fornecer a quem já a possui, mas não a tem virada para o lado correto e não olha para onde deve. Como se vê, a metáfora da cegueira, tal como a do sonho, embora a primeira seja mais desenvolvida na *República*, veicula significados muito importantes para a doutrina platônica. Em primeiro lugar, a ligação forte que une o olho, como outro sentido qualquer, a todo o corpo, e todo o corpo à alma inteira, realçando a unicidade do ser humano. Quando sente, tal como quando pensa, é sempre o homem na totalidade do seu ser que entra, e que se põe, em jogo: e isto desmente, mais uma vez, a suposta concepção platônica que opõe corpo e alma, sensação e razão.

Em segundo lugar – desmentindo também uma leitura demasiado simplista do "inatismo" platônico –, deve-se ter presente que são precisamente as faculdades, as possibilidades e os instrumentos do conhecimento e do saber a estarem presentes na alma de cada ser humano, e não um saber pré-constituído, o qual se deveria só chamar à memória e à consciência. É traço fundamental do socratismo, ou, de forma mais exata, é o traço capital da imagem do ensinamento socrático, tal como no-lo apresenta Platão: não *se põe* o saber na alma dos homens, que é uma veleidade análoga à do querer infundir a visão em olhos cegos, mas no máximo *suscita-se* o saber, tornando os homens capazes de exercitar e de tirar os frutos das faculdades que cada um possui: a educação é um fato "pessoal", não uma transmissão da ciência.

E, por fim, já mencionada de forma explícita neste passo, temos a imagem da "conversão". É uma imagem sobre a qual Platão insiste, e é fundamental para a compreensão da sua perspectiva. Antes de mais, ela diz-nos que as faculdades ínsitas em cada homem podem ser viradas para o bem ou para o mal; cada um possui dentro de si a capacidade de agir e de pensar, mas o resultado das suas ações e dos pensamentos que guiam às ações depende da sua alma. É a "revolução" da inteligência, e não a inteligência enquanto tal, que constitui a distinção entre homem bom e homem mau. Isto explica quão penetrante é o olhar precisamente da *alminha* dos chamados *maldosos, mas sábios*, e quão agudamente (VII 519a2-3) a alma deles consegue discernir os objetos para os quais está virada, isto porque é dotada de visão não medíocre, mas *que serve para sua maldade*, de maneira que os males por ela produzidos são tão grandes quanto mais agudo (VII 519a5) for o seu olhar. A *phrónesis*, a inteligência, está, por conseguinte, em todos, bons e maus, por isso, todos podem ser educados a agir bem. É justamente a "revolução" da inteligência, para cima ou para baixo, a qualificar a ação boa ou má.

Voltando ao primeiro dos três temas que mencionei, parece-me que se devem notar pelo menos dois aspectos da sabedoria e da sua relação com a ciência. O primeiro, que é acompanhado de um importante relevo psicológico, poderíamos defini-lo como "certeza subjetiva da verdade", e encontra uma confirmação precisa no passo do *Teeteto* em 200a, onde se diz que quem não tem ciência opina o falso, mas nunca dirá que opina o falso, ou melhor, sustentará que opina a verdade. Entre outras coisas, isto significa que é impossível estabelecer um critério psicológico de distinção entre opiniões verdadeiras e opiniões falsas, porque quem opina qualquer coisa (sempre que seja, como se diz, "de boa-fé") pensa sempre opinar a verdade. E constrói uma sabedoria "própria", com todas as características formais da *"sophia"*, e está disposto a defendê-la de todas as outras; e se tivesse de aceitar outra, fá-lo-ia sempre com resistência e dificuldades. Isto parece-me claramente entrevisto na imagem da caverna.

16.4. O tema da sabedoria: a caverna

Há homens acorrentados no interior da caverna, de tal maneira que não conseguem virar-se para trás. Às suas costas, à entrada da caverna, há um pequeno muro; para além do muro há homens que passam transportando estátuas e outros objetos e falam entre si. Os homens acorrentados veem apenas as sombras daqueles objetos projectados na parede, e chamam entes reais (515b5: *ta ónta*) ao que veem. Para eles só as sombras dos objetos artificiais são verdadeiras, porque não podem libertar-se das cadeias e curar-se da inconsciência (VII 514a-515c). Isto significa que cada homem constrói para si a sua "própria" sabedoria, isto é, diz-se explicitamente que a sabedoria é a construção intelectual que declara verdadeiros os seus conteúdos enquanto correspondentes ao mundo real dos *ónta*. Portanto, há sempre uma sabedoria, mesmo no fundo da caverna: para quem a possui, a própria sabedoria é sempre verdadeira, e torna-se falsa só quando, e somente quando, adquire-se outra. Aliás, mesmo quando se aceita outra, está-se sempre um pouco reticente em acolhê-la.

Tudo isto é evidente no segundo momento da imagem. Imaginemos agora – continua Sócrates – que se libertasse um destes homens e o obrigassem repentinamente a levantar-se, a dirigir o olhar para a luz e a olhar para os objetos além do muro: o que diria se alguém lhe dissesse que antes via só vacuidades e que agora, pelo contrário, vê mais justamente algo mais próximo da realidade, estando virado para uma realidade maior? Ele ficaria desconfiado e diria que as coisas que via antes eram mais verdadeiras do que as que lhe indicam agora (VII 515c-d). Aqui parece-me ser importantíssimo o realce psicológico, que mostra a reticência de cada um em aceitar o novo, mesmo quando é evidente, porque a verdade é o que temos na alma e consideramos tal. Eis porque sentimos uma certa resistência em aceitar como verdadeiro algo de diferente.

Os últimos dois momentos do conto parece-me que confirmam o que dissemos, além de acrescentar uma última peça à imagem, a da conexão precisamente com a *práxis*. Este homem imaginário é obrigado, sempre à força, a sair para a luz do sol: de repente, deixa de poder ver sequer uma das coisas que agora são ditas verdadeiras. Mas depois ele habitua-se a ver as sombras, as imagens dos homens e dos objetos refletidas na água, os próprios objetos, e, em seguida, os corpos celestes e o céu de noite. E por último o próprio sol, não as suas imagens; e pode raciocinar sobre ele e dizer que é ele a produzir as estações e os anos, e é ele a ser a causa em qualquer modo de todas as coisas que antes via. E ao lembrar-se então da sua primeira residência e da sabedoria que lá possuía, sente-se feliz com a mudança e sente compaixão para com os outros. E não quer mais as honras e os elogios que antes trocava com os outros, e os prêmios para quem fosse mais agudo a observar os objetos que passavam, e não inveja as honras e o poder dos prisioneiros, e despreza a posse daquelas opiniões e aquela vida. Mas se depois este homem voltar a descer para junto dos outros, de repente, terá de novo os olhos cheios de trevas, vindo do sol; e se longo for o seu período de hábito, será objeto de riso; e se tentar libertar os outros e os levar lá para cima, tentarão até matá-lo (VII 515e-517a).

Como se vê, só a aquisição e a apropriação de uma nova verdade nos consente chamar não verdadeiras as opiniões que antes tínhamos; só relativamente a uma verdade maior outra verdade se torna não verdadeira; só a conquista de uma nova verdade determina um novo modo de vida e faz considerar inadequado e não bom o velho modo de vida; só pregando uma nova verdade e um novo modo de vida, sem conformar-se com os já existentes e aceites pela maioria, se correm os reais perigos não só de escárnio, mas também de morte. E mais uma vez, aqui Platão convida-nos a refletir sobre a vida exemplar, por ele mesmo construída, da personagem Sócrates.

16.5. O tema da obrigação

No que diz respeito ao segundo tema, o da obrigação, vou realçar apenas dois aspectos. Por um lado, há uma necessidade, por assim dizer, "objetiva" nas ciências, por exemplo, uma necessidade que parece derivar precisamente do seu objeto. O cálculo e a aritmética, por exemplo, estudados pelo filósofo para adquirir conhecimento e não para ser mercadores, empurra para cima a sua alma e *obriga-a* a raciocinar (VII 525d2-7) sobre os números em si mesmos, que se podem conceber só com o pensamento (VII 526a6). O mesmo para a geometria: também ela, de qualquer modo, pode fazer-nos ver mais facilmente a ideia do bem, porque *obriga* a alma a virar-se para a parte mais feliz daquilo que é

(526e4); o mesmo para a astronomia, disciplina que *obriga* a alma a olhar para cima (VII 529a1-2).

Mas há também outro tipo de necessidade, por assim dizer, "objetiva", que reside nos fatos, isto é, nas situações em que o homem se encontra, e que o obrigam a tomar certas atitudes, simultaneamente físicas e mentais. Assim, quando Platão diz que um dos homens que estão no fundo da caverna é obrigado repentinamente a levantar-se, a dirigir o olhar para a luz e a olhar para os objetos, não faz sentido perguntarmo-nos: obrigado por quem? Por quê? O mesmo um pouco mais adiante, quando ele é obrigado, sempre à força, a sair para a luz do sol. Esta obrigação "dos fatos" é esmiuçada por Platão, aqui no conto da caverna, em três situações instantâneas (indicadas estilisticamente pelo advérbio *exáiphnes*, que significa "de repente"), que são uma espécie de três "fraturas" temporais em que se fixam os significados de uma aventura. E o realce desta fractura serve para dar o sentido a uma tomada de consciência e, por conseguinte, a uma mudança de atitude psicológica, para quem a vive, e também para os que o rodeiam. A primeira ocorrência dá-se quando um dos homens acorrentados no fundo da caverna consegue libertar-se e é obrigado *de repente* (VII 515c6) a olhar para a luz: é o momento preciso em que o escravo adquire a consciência de ser escravo, consciência negada aos seus companheiros de cárcere. A segunda, quando ele se arrasta para fora da caverna e deixa de conseguir ver, com os olhos ofuscados pela luz, assim, *de repente* (VII 516a4), os objetos que o rodeavam: é o momento em que, postos ante algumas verdades evidentes e com a alma ainda cheia das obscuridades e aparências que nos dominaram por toda a vida, não conseguimos ainda apropriarmo-nos delas, por um lado, com a consciência de que elas podem perturbar-nos, e perturbam, todo o nosso modo de ser precedente, e, por outro, que são justamente elas, e não o modo anterior, a constituir a verdade. A terceira situação é o contrário da segunda: descendo de novo para a obscuridade do antro, aquele homem ficaria quase cego, vindo *de repente* (VII 516e5) da luz do sol. Ou seja, quando se adquire e se apropria de um novo sistema de verdades, consegue-se dificilmente ver, isto é, perceber, o mundo ao qual se estava ligado e que se aceitava definindo-o verdadeiro; é difícil "reencontrar-se" nele. A *obrig*ação é, portanto, o sinal da tomada de consciência imediata de um processo psicológico que mudou o rumo da nossa vida e que, consequentemente, determinou uma atitude nova ante as coisas, as ideias e os outros homens.

O segundo aspecto da obrigação concerne também aos filósofos, e diz respeito precisamente à obrigação que é preciso aplicar-lhes para que se ponham a governar a cidade, e é significativo que ela apareça aqui, no VII livro, depois de se ter tratado o bem. É justamente a conquista da ideia do bem a caracterizar a completude da educação filosófica e o cumprimento da natureza filosófica. Uma filosofia que fosse apenas contemplação, pura teoria, investigação das causas, da alma etc., não seria filosofia, porque o horizonte da filosofia, no qual e pelo qual ela vive, é sempre a cidade, isto é, a comunidade humana. E aqui, no mito da caverna, é justamente a conquista da ideia do bem, a sua visão/conhecimento, ou seja, a consciência da dimensão política da filosofia, a exercer a obrigação. Eis porque é preciso *obrigar* (VII 519c9) as melhores naturezas *antes* de aproximá-las do conhecimento máximo, isto é, a ver o bem (VII 519c9-10), e *depois* a descer de novo até junto dos homens da caverna.

A perspectiva da *unidade* da cidade, no sentido que foi reconstruído *supra*, constitui o sinal distintivo da "filosofia política" platônica, e ao mesmo tempo o sentido mais profundo da mesma "filosofia" platônica. Portanto, "obrigar" os filósofos a governar não é fazer-lhes injustiça, porque à cidade não interessa que uma só classe (VII 519e2) se encontre em condições favoráveis, mas que esta condição se realize na cidade inteira, harmonizando os cidadãos com a persuasão e com a força (VII 519c3-4), de modo a fazer com que sejam realmente comuns as vantagens que os indivíduos possam obter para a comunidade, criando assim a unidade (VII 520a1-4) da cidade. E assim se encerra o círculo do tema da "obrigação a governar", exprimindo o sentido desta verdade; porque a verdade é esta: é necessariamente (VII 520d3) muito bem administrada a cidade em que o governante governa sem o mínimo desejo, e por isso "vós, filósofos, deveis governar por turno e voltar a descer à residência comum aos outros".

16.6. O tema da "canção dialética"

O terceiro e último tema é o da "canção dialética". "Tudo isto é um simples prelúdio à verdadeira canção que se deve memorizar" (VII 531d8). Esta verdadeira canção é precisamente a da dialética. Há pelo menos três motivos que caracterizam, em geral, a dialética platônica. 1) A dialética está indissoluvelmente ligada ao discurso, nasce no discurso e vive nele. Não é só a procura pela verdade, mas também a correção lógica do desenrolar-se do discurso, correção que, por sua vez, se determina apenas no âmbito das premissas concordadas pelos interlocutores. Por um lado, a dialética mostra-se como a capacidade de "interrogar e responder" e, por conseguinte, como exigência lógica e metodológica; mas há também outro aspecto da dialética, que é o de ser capaz de "usar" os resultados das outras ciências e técnicas para os seus fins: é o horizonte dos diálogos como o *Mênon* (75d), o *Eutidemo* (290b-c), o *Crátilo* (390c-d), o *Fédon* (75-76; 78-79; 89d-91c). 2) A dialética aparece como processo e como método, e consiste fundamentalmente em possuir o *logos*, a razão das coisas. Ao utilizar também aqui as lógicas a-dialéticas das outras ciências em consideração sinóptica, a dialética mostra-se como o fim de todas as disciplinas e,

consequentemente, como a capacidade de servir-se delas em âmbito prático, político. É pois o horizonte da *República*.
3) A dialética como única ciência capaz de "distinguir por gêneros" e, portanto, ainda como *logos*, capacidade não só de relacionar, mas, precisamente enquanto relaciona, como o mais verdadeiro conhecimento, sinônimo da própria filosofia. Trata-se do horizonte de diálogos como o *Fedro* (266d-e), o *Parmênides* (135b-c), o *Sofista* (253c4-d1), o *Político* (285a-b), o *Filebo* (16-17), o *Timeu* (29b-c).

Naturalmente, também este tema, na sinfonia platônica, e antes do seu desenvolvimento no VII livro, fora preanunciado; mas agora, nas páginas 525-531, após ter delineado o horizonte das disciplinas absolutamente necessárias ao filósofo que deve governar, a dialética aparece pois no topo delas. E aparece como a disciplina que possui em máximo grau a característica de todas as ciências que a precediam. De fato, cada ciência aparece sempre como ciência das relações que dão a verdade. A astronomia não é reduzível à geometria, por exemplo, dado que, diferentemente desta, estuda a verdade da simetria (a relação proporcionada) de fenômenos que mudam. Razão pela qual há uma *lei da rel*ação *mutável*, estudada precisamente pela astronomia e pela música, pela harmonia, e há uma *lei da rel*ação *constante*, estudada pela geometria e pela estereometria; na base de tudo estão o cálculo e a aritmética; no cume de tudo, a dialética.

A primeira definição de dialética é dada precisamente no horizonte da sua distinção das outras ciências, e é a típica definição do discurso platônico: todos os que são hábeis, valentes (VII 531d9), nas outras ciências não são *dialektikói*, porque são incapazes de *dar conta e receber razão* de uma coisa (VII 531d9-e5), enquanto que esta é a canção que a dialética leva a cabo (VII 532a2). Portanto, a dialética é o que *peráinei*, que "conclui" a aprendizagem, isto é, aquilo que ao "dar conta" das outras ciências, lhes dá o sentido último. Por isso, também da dialética é preciso saber ver ambos os aspectos. Por um lado, ela constitui-se exatamente como *método*, que Platão desenha com outra imagem, a do processo, ou melhor, da "viagem". De fato, com a dialética o filósofo, sem nenhum sentido e através do discurso, dirige-se para cada coisa que é em si (VII 532a7), e não desiste antes de colher com a intelecção o que é o bem, chegando ao fim do mundo inteligível: não chamas esta *viagem* (VII 532b5) justamente dialética? A viagem da dialética tem por trás de si todo o trabalho preparatório das *técnicas* e das *ciências* anteriores, e é o que leva o elemento ótimo da alma à contemplação do ótimo (VII 532c5-6) no campo do real, das coisas que são; tal como o elemento mais esplêndido do corpo, o olho se elevava à contemplação do objeto mais fúlgido do mundo corpóreo e visível, o sol. Aqui já é clara a conexão da dialética ao bem: ela não só se constitui como método, ou seja, o método que permite viajar através de todas as outras ciências, mas é também, por outro lado, a única viagem que permite conectá-las ao fim principal da atividade filosófica, o fim político.

Compreende-se assim a dupla clave na qual Platão conduz o discurso sobre o conhecimento e sobre a *práxis*. Relativamente ao conhecimento, a dialética configura-se como o único método que permite colher as ideias não mais como hipóteses, mas realmente como princípios. É o que se viu na imagem da linha, em VI 510-511, sendo aqui reafirmado. "Agora que não é mais preciso ver a imagem do que dizemos, mas a própria verdade, podemos perceber finalmente que as outras ciências atingem apenas algo do que é, deixando imóveis as hipóteses de que se servem, incapazes de dar conta delas; só o *método dialético* procede por esta via: abandonando as hipóteses para fundar-se no próprio princípio, levanta docemente para cima o olho da alma e serve-se das artes de que falamos como auxiliares e cooperantes na conversão da alma" (VII 533a-d).

Portanto, a dialética *põe em movimento as hipóteses*, e a conversão da alma pertence fundamentalmente a este último momento. Não é algo que elimina ou descarta ou desvaloriza todos os momentos anteriores, mas algo que é capaz de dar-lhes um novo sentido: não uma negação, mas o modo "alto" de ver as coisas, todas as coisas. E é claro também que nesta viagem estamos a deixar as regiões das outras ciências, das que até agora tinham sido chamadas técnicas e ciências, visto que eram disciplinas de horizonte limitado, não só pelo objeto que cada uma delas estudava, mas também e principalmente com vistas ao *fim* de todos os estudos. Platão adverte-nos claramente da mudança de perspectiva para a qual nos dirige, e fá-lo com um explícito apelo ao campo, importante e difícil, da distinção linguística, que não deve ser uma distinção só nominal: campo no qual se é obrigado a combater quando se trata de questões capitais. Todas as artes nós chamamos até agora ciências só por hábito (VII 533d4-5), mas precisam de outro nome, mais claro que opinião, mais obscuro que ciência. Razão, *pensamento dianoético* (VII 533d6) chamamos antes aquela região.

É exatamente aqui que a *nóesis* (o intelecto) de vi 511d8-e2 se torna *epistéme*, isto é, ciência (VII 534a). É significativo que Platão – recordando explicitamente o passo precedente sobre a linha, substituindo *epistéme* por *nóesis*, mas deixando invariados os outros termos – nos advirta que a relação analógica entre as quatros partes desta linha "renovada" permanece imutada, tal como imutadas permanecem a analogia entre as coisas sobre as quais estes termos se aplicam e a bipartição das duas partes, opinável e inteligível.

É exatamente aqui que a tonalidade da "canção" se torna mais alta, porque se muda a clave em que agora se toca, que é a clave do bem: do bemol da dúvida, da aporia, da aproximação, passa-se à díese da certeza e da necessidade. "Portanto, tu chamarás dialético só quem souber dar provas da realidade de cada coisa, dar conta a si mesmo e aos outros: só então ele terá intelecto. E isto vale precisamente para o bem: quem não for capaz de definir com o discurso, distinguindo a ideia do bem das outras, e passar por todas as refutações como se estivesse em batalha, desejoso de prová-la não segundo a opinião, mas segundo a realidade, e não atravessar todas estas provas estando em contato direto com o discurso; não dirás que quem estiver nestas condições conhece o bem em si ou qualquer outro bem. Mas se porventura colher uma imagem qualquer dele, colhe-a com a opinião e não com a ciência, e antes de despertar-se chega ao Hades para cair num sono profundo. Logo, a dialética é a coroação das disciplinas, e nenhuma disciplina pode corretamente sobrepor-se a ela; aliás, no que diz respeito aos ensinamentos, está-se no fim" (VII 534b-535a).

Como se vê, a dialética exprime não só o mais alto grau do conhecimento, mas também o momento em que o conhecimento se traduz em *práxis*. O degrau superior é o bem, a ideia do bem: só quem a possui com saber certo, com verdade e não com opinião, é capaz de enfrentar todas as batalhas da refutação e da ação. Só o dialético que possui a ideia do bem, possui a ideia do *fim* de todos os seus conhecimentos; é ele que não só conhece melhor do que os outros, mas sabe agir melhor que todos os outros, e é, por conseguinte, o único capaz de governar a cidade. Só o dialético cumpre o seu saber, aplicando-o no terreno não só do conhecimento teórico, mas também no do prático. Precisamente porque ele vê infinitamente melhor do que os outros, e dado que viu a verdade acerca do belo, do justo e do bem (VII 520c), deve voltar a descer à caverna e ser obrigado a assumir os cargos públicos, de maneira a não ser inferior aos outros sequer por experiência (VII 539e-540b). Esta íntima ligação é aquela sobre a qual Platão agora insiste com força: tendo assimilado a dialética, dos 50 anos em diante, os que tiverem sido os primeiros em obras e em saber, chegados ao fim, e virando para cima os olhos da alma, serão capazes de ver o bem em si, e servindo-se dele como modelo, darão ordens à cidade, por turnos, aos privados e a si mesmos, para o resto da vida. E, embora passem a maior parte do tempo dentro da filosofia, quando chegar a sua vez, terão de enfrentar os aborrecimentos da vida política e governar pelo bem da cidade, não porque esta tarefa é bela, mas porque é necessário (VII 539d-540b).

17. O desejo de conhecimento

Na *República*, há outros aspectos do problema do conhecimento que se devem mencionar. Naturalmente, o problema do conhecimento é enfrentado também noutros diálogos, mas na *República* ele adquire um ângulo especial relativamente ao horizonte do diálogo. Os lugares mais famosos onde ele é tratado situam-se entre o VI e o VII livros, e são aqueles onde se desenham as grandes imagens da linha e da caverna (para os aspectos do problema do conhecimento, veja-se todo o ponto 16). Há também outros lugares onde o problema é tocado, com conotações importa2ntes relativamente à própria teoria platônica das ideias. Quero mencionar alguns.

Antes de mais, o conhecimento é um *desejo*, dado que para Platão não há nítida separação das partes, ou funções, da alma, e porque o homem está *completamente* engajado em qualquer atividade que faça, racional ou desiderativa. Portanto, também o filósofo deseja (V 475b4: *epithymetikón*) a sabedoria toda: "Quem estiver pronto a saborear todas as disciplinas e desejar aprendê-las sem nunca se saciar, diremos com razão que é um filósofo". O conhecimento é, pois, uma tensão, um esforço contínuo, que nunca pára. O verdadeiro filósofo está sempre "vazio" de filosofia e, por conseguinte, tem sempre fome de filosofia. Não pode ser confundido com os que amam os espetáculos (V 475d2: *philotheámones*), amadores de audições, gente que, *como se tivesse alugado as orelhas*, corre de uma festa para outra a ouvir todos os coros: de filósofos eles só têm a aparência (V 475e2), porque "os verdadeiros filósofos amam contemplar a verdade" (V 475e4).

É aqui, nas quatro páginas (476-480) em que se distinguem os verdadeiros filósofos dos filósofos aparentes, que se encontram iluminadoras indicações sobre o conhecimento e as ideias. Belo e feio, diz Sócrates, sendo contrários, são duas coisas distintas, embora cada uma delas seja uma. "O mesmo discurso vale para o justo e o injusto, para o bem e o mal, e *para todas as outras ideias*: cada uma em si é *una*, mas, *aparecendo em todos os lugares em comunhão com as ações, com os corpos e umas com as outras, cada uma se manifesta como múltipla*" (V 476a).

Esta passagem é fundamental porque nos faz ver claramente o sentido da unidade/multiplicidade de cada ideia, além da sua função. Cada ideia, do belo, do justo etc., é em si mesma una, mas encontra-se também em relação com tudo o que ela pode explicar, e torna-se, portanto, múltipla. De fato, a ideia serve para conhecer e fazer compreender fatos, ações, corpos sensíveis, e até as outras ideias. Portanto, não há a separação da ideia para um lado e das coisas para outro (o chamado "dualismo" platônico!), mas a relação necessária que liga a ideia à multiplicidade das suas manifestações: em suma, a ideia é o instrumento do conhecimento das coisas e das ideias.

Eis então a distinção: por um lado, há os amantes de espectáculos, por outro, os filósofos (476a-b). Os amantes das audições e de espetáculos amam os *belos* sons, as *belas* cores, as *belas* figuras, mas o seu pensamento é incapaz de ver e amar a natureza da *beleza em si*. Quem reconhece que há objetos belos, mas não pratica, cultiva a beleza em si e, mesmo guiado até o seu conhecimento, não é capaz de seguir o seu trilho, vive num sonho e, quer a dormir, quer desperto, pensa que aquilo que se assemelha a algo é idêntico àquilo a que se assemelha. Quem, pelo contrário, é capaz de contemplar *quer* o belo, *quer* as coisas que dele participam, vive desperto (V 476c-d).

Este passo faz claramente uma distinção entre o amante de espectáculos, que para Platão é quem exercita só a sensibilidade (mesmo refinada) e não o pensamento, e o filósofo, que, pelo contrário, não repudia a sensibilidade, mas com o seu pensamento consegue ver *também* a ideia: e a ideia é precisamente o instrumento para, a capacidade de, poder compreender as coisas *pela* da ideia, não só por meio das impressões sensíveis. Só o filósofo, pois, é capaz de *ver* a ideia: não se trata de uma contemplação metafísica ou estática de *outro* mundo, um mundo puramente ideal, mas da aquisição do instrumento fundamental para *compreender* exatamente *este mundo*, de coisas, de ações, de sentimentos. Quem, pelo contrário, não consegue levantar o olhar para a visão da ideia do belo, por exemplo, troca a coisa bela (o semelhante) pela ideia do belo (o idêntico). Em suma, esta pessoa não é capaz de conhecer; está sujeita às impressões do momento; não possui o *critério* para ler nas coisas e nas suas próprias impressões.

17.1. Conhecimento, opinião e ignorância

Aqui (V 476d-480a) Platão desenha as linhas de outra diferença, entre conhecimento, opinião e ignorância, de maneira análoga, mas não idêntica, ao que faz noutros diálogos, como no *Banquete*, por exemplo. O *pensamento* (476d5: *diánoia*) do filósofo, enquanto pensamento de alguém que conhece, com razão o chamamos *conhecimento* (476d5: *gnóme*), e o outro, enquanto pensamento de alguém que opina, chamamos *opinião* (476d6: *dóxa*). Esta distinção entre duas formas de pensamento (é claro que também a opinião é uma forma de pensamento, porque também ela é uma *faculdade* da mente: 477c1: *dýnamis*) baseia-se numa distinção entre dois níveis de realidade e, por conseguinte, em dois modos de *ser*. Quem *conhece*, conhece algo que é. O que é de maneira perfeita é perfeitamente cognoscível; mas o que absolutamente não é, é completamente incognoscível. Esta é pois a ignorância. Mas se uma coisa é tal, de maneira a poder ser e não ser ao mesmo tempo, então está em posição intermédia (477a7: *metaxý*) entre o que absolutamente é e o que não é de nenhuma maneira. Ora, o *conhecimento* refere-se ao que é, o *não conhecimento* (477a9: *agnosía*), necessariamente, ao que não é, e para a posição intermédia deve procurar-se algo de intermédio entre a *ignorância* e a *ciência*. Esta é pois a *opinião*. Ela é algo, uma *faculdade* como a ciência, mas diferente da ciência; para uma coisa está destinada a *opinião*, para a outra, a *ciência*: cada uma segundo a própria faculdade. E pela sua natureza a *ciência* tem por objeto o que é, ou seja, *conhecer como é o que é* (V 476d-477b).

Parece-me que, mesmo na difícil coerência entre as várias partes deste passo, *o sentido* da distinção é claro, e é decalcado da lição filosófica e metodológica de Parmênides, com todos os seus problemas; por exemplo, o que absolutamente não é, é incognoscível também para o filósofo, portanto a ignorância do que não é pertence também ao filósofo, e por isso também o filósofo é de certa forma ignorante. *Cognoscível*, com efeito, significa que pode ser conhecido, não que é necessariamente conhecido; *incognoscível* significa que não pode ser conhecido e, por conseguinte, necessariamente não é conhecido. Com isto abre-se ao filósofo que sabe, e sabe principalmente qual é o instrumento com o qual pode construir os seus conhecimentos, ou seja, as ideias, o mundo infinito das coisas *cognoscíveis*.

A ciência (*epistéme*), ou conhecimento (*gnóme*), e a opinião (*dóxa*) são duas formas de pensamento, duas faculdades da alma racional que não se podem identificar, mas não são sequer completamente opostas uma à outra; cada uma é uma faculdade diversa com objetos diferentes, mas sobretudo com métodos diferentes: uma sabe aplicar à experiência as ideias; outra, que não conhece as ideias, mas não é também pura ignorância, queda-se na experiência: é mais obscura do que o conhecimento, mas mais clara do que a ignorância. E os que se quedam só na opinião, sem se esforçar por alcançar as ideias, por raciocinar chamar-se-ão *filodoxos* (literalmente, amantes da opinião: termo inventado por Platão) (478c-480a).

17.2. Sensação e pensamento: as ideias

Há outros dois pontos, antes das imagens da linha e da caverna, que podem lançar um pouco de luz sobre a relação entre sensação e o pensamento: relação muito íntima e colaborativa para Platão, não opositiva. O primeiro acha-se em VI 504a, e é simplesmente um inciso, todavia, muito significativo. Antes de falar das mais altas disciplinas que a natureza do filósofo deve enfrentar, Sócrates pergunta a Adimanto se se lembra de terem distinguido as três partes da alma e de *terem determinado através de confrontos* o que eram a justiça, a temperança, a coragem, em suma, as ideias. Ora, os dois verbos usados por Platão, *symbibázo* e *di stemi*, são significativos sobretudo das operações mentais que levam a que se determine a ideia; *symbibázo* significa aproximar e confrontar, e portanto retirar uma consequência lógica do confronto, enquanto que *di stemi* significa pôr à distância, separar e, por conseguinte, distinguir. É assim que se determinam as ideias, separando e reunindo, evidentemente, experiências, ou até ideias, e portanto fixando, por via de analogias e diferenças, o que é específico de cada ideia.

O outro passo acha-se em VII 523-524. As sensações, os dados sensíveis, diz Sócrates, são diferentes entre si. Há alguns que "não *convidam* o intelecto à investigação, porque basta o juízo que a sensação dá, outros, pelo contrário, solicitam a investigação" (523a-b). Os que não convidam o intelecto à investigação são os dados sensíveis que não produzem simultaneamente uma sensação oposta; os que a produzem, convidam-no. E dá-nos um exemplo. Há três dedos, o mindinho, o anelar e o médio: cada um aparece-nos como dedo, independentemente do fato de serem brancos ou pretos, grossos ou finos etc. Este tipo de sensação "não obriga a alma a perguntar ao intelecto o que é um dedo: um caso do gênero não chama a atenção do intelecto" (VII 523d). Pelo contrário, se além da visão que vê o grande e o pequeno, eu deixo intervir também o tato, que sente a moleza ou a dureza, a espessura ou a finura, então a alma fica perplexa ante as sensações que julgam a mesma coisa (o dedo anelar, por exemplo) grande (relativamente ao mindinho) e pequeno (relativamente ao médio); acha *estranhas* estas interpretações e sente-se impelida a chamar o intelecto a uma ulterior pesquisa, por exemplo, sobre o grande e o pequeno. Por outras palavras, sobre as *ideias* que nascem da sensação (VII 523e-524b).

Mesmo a sensação está *já qualificada*, no momento em que é experimentada. Com efeito, eu digo "isto é um dedo" e não "isto é um cavalo", antes de começar a pensar nas suas qualificações, e isto significa que estou já a aplicar à sensação a *ideia de dedo*. Por outras palavras ainda, a sensação de uma coisa, por exemplo, de um dedo, é assim e basta. Embora esteja já qualificada através da ideia, não obriga a ulteriores investigações. Isto, pelo contrário, acontece quando nos dirigimos para a sua qualificação (grande/pequeno, duro/mole), que a simples sensação indica de *maneira insuficiente*, porque apresenta o mesmo dedo como grande e pequeno simultaneamente. É aqui que entra em jogo a parte intelectiva da alma, que dá um sentido, um significado (524a7: s*e̱máinei*) à sensação, perguntando-se "o que é" o grande ou o pequeno, e assim para as outras ideias. Esclarecer e dar um significado às sensações, portanto, é sempre um fato de intelecto e de discurso, e intelecto e discurso não têm sentido se não cumprirem esta obra de clarificação do mundo real das nossas experiências sensíveis. Por outras palavras, inteligível e sensível não estão contrapostos num esquema dualista de contraposição, mas estão sempre unidos na mesma atividade da alma humana.

18. Os mitos da República. O anel de Giges

A linguagem platônica, especialmente a partir dos grandes diálogos do chamado período da "maturidade" (*Fédon, Fedro, Banquete*), é apoiada também pela narração de muitos "mitos". Muito se discutiu, na milenar história da exegese platônica, sobre o significado e a função de tais mitos, com resultados até completamente opostos. Foi-se da sua desvalorização, como se fossem inúteis ornamentos retóricos que interrompem as demonstrações racionais, à sua sobrevalorização, como se fossem terrenos autenticamente platônicos, que exprimiam as mais genuínas convicções do Autor. Hoje, geralmente, tende-se a considerar a escrita mítica de Platão como estando integrada e sendo funcional ao seu discurso complexivo, e olha-se para cada mito como para uma parte essencial da mesma expressão teórica e crítica, em cada diálogo, e de acordo com os fins que cada diálogo ou cada parte do diálogo tem como objetivo. De fato, é a mesma escrita platônica a misturar habilmente demonstração racional e conto; e os mitos (às vezes retirados da tradição, às vezes simplesmente inventados), expressamente declarados como tais pelo próprio Platão, têm não só uma função importantíssima como a têm todas as imagens, as similitudes, os paralelismos que abundam no texto platônico e tornam a sua escrita *única* em toda a nossa história cultural. Já mencionamos algumas destas imagens, presentes no texto da *República*, por exemplo, o navio, a besta, a linha, a caverna (vejam-se os pontos 14 e 16). Agora falaremos brevemente dos outros três mitos presentes no diálogo.

O primeiro encontra-se no II livro, e é narrado por Gláucon durante as suas críticas ao discurso socrático que refutara Trasímaco no I livro. Com efeito, Gláucon acusa Sócrates de ter "encantado" Trasímaco mais do que ter derrotado as suas argumentações, e propõe de novo a demonstração de três pontos, esclarecendo porém, de forma explícita, que ele não pensa de todo assim, mas refere os discursos de outros que não lhe parece terem sido refutados por Sócrates: 1) primeiro dirá o que é a justiça e qual é a sua origem segundo a opinião comum; 2) depois, que todos os que a praticam fazem-no contra vontade, porque são obrigados e não porque estão convencidos de que é um bem; 3) enfim, que o comportamento dos homens é plausível, porque segundo eles é melhor o modo de vida do injusto que do justo (II 358b-c). O conto mítico de Gláucon é o do "anel de Giges".

Giges era um pastor ao serviço de Candaules, o rei da Lídia. Um dia, após um tufão e um terremoto, a terra rasgou-se exatamente no lugar onde ele pastoreava o seu rebanho. Completamente maravilhado, Giges desceu para a abertura e viu, no interior de um cavalo de bronze, um homem enorme sem roupas, mas com um anel de ouro no dedo. Pegou nele e saiu do buraco. Mais tarde, enquanto participava num encontro de pastores, virou o engaste do anel para a parte interna da mão e notou que se tornara invisível, porque os outros pastores falavam dele como se ele tivesse ido embora. Quando virou de novo o anel, ficou visível. Depois de ter verificado que este era o poder do anel, foi ao palácio do rei, invisível a todos, seduziu-lhe a mulher e com a sua ajuda matou o rei e tomou-lhe o trono (II 359c-360b).

O significado deste mito é explicitamente ilustrado por Gláucon, e é funcional às suas argumentações. O mito é narrado durante o tratamento do segundo ponto que mencionamos antes, e demonstra, segundo Gláucon, que se dois homens, um justo e um injusto, tivessem à disposição este anel, agiriam de maneira exatamente igual, por sua vez, isto demonstra que ninguém é justo voluntariamente, mas só porque é obrigado: no seu íntimo, ninguém considera a justiça um bem, e considera a injustiça muito mais vantajosa (II 360b-d). A coisa interessante a notar é que o discurso de Gláucon é uma verdadeira "experiência mental": introduzida pela fórmula "se imaginássemos um caso como este" (II 359b7-c1), ela constitui uma verdadeira "prova" (II 360c5: *tekmérion*) da tese a demonstrar (ninguém é justo voluntariamente), e fornece também uma "contraprova": se alguém tivesse à disposição uma semelhante faculdade e não cometesse injustiça, todos o julgariam desgraçado e tonto (II 360d).

18.1. O mito dos nascidos da terra

No III livro, este mito é narrado por Sócrates no âmbito da distinção entre as três classes que habitam na cidade, e no âmbito das "nobres mentiras" que é preciso contar aos homens, necessárias para que se convençam da bondade das teses que se estão a sustentar.

Antes de nascer, os homens estavam dentro da terra, já plasmados e com todas as aptidões. Quando se concluiu a sua preparação, a mãe-terra deu-os à luz, razão pela qual eles têm de defender a terra onde habitam como a própria mãe e de considerar os outros cidadãos como "irmãos nascidos da terra". Continuando o conto, diríamos: os que são habitantes da cidade são todos irmãos, mas a divindade, enquanto vos plasmava, misturou ouro aos que tinham disposição para governar; aos auxiliares misturou prata; aos artesãos e agricultores misturou ferro e bronze. Para esta comunhão geral de proveniência, deveríeis gerar filhos mais ou menos semelhantes a vós; mas dá-se o caso que do ouro nasça prole de prata e da prata, prole de ouro, o mesmo para os outros nascimentos. Por isso, a divindade, em primeiro lugar, ordena aos governantes que observem com muita atenção qual desses metais se encontra misturado às almas dos jovens; e se um filho de homens de ouro tiver em si bronze e ferro, deverá ser colocado entre os artesãos, e vice-versa, se destes nascerem filhos que tenham ouro ou prata, deverão ser colocados entre os que têm tarefas de guarda e de defesa (III 414c-415c).

O sentido deste mito é claro. A coisa interessante é que Platão realça explicitamente a "falsidade" do conto e a dificuldade em fazer com que os outros acreditem nele. Com efeito, antes de o narrar ele declara que esta é uma daquelas "nobres mentiras" que é necessário contar e, para que acreditem nela, é preciso ser muito bons na persuasão. Ele mesmo não sabe bem com que coragem e com que palavras se exprimirá (III 414c-d). Depois do conto, pergunta a Gláucon se conhece algum expediente para convencer os homens a acreditar neste mito (III 415c). A resposta de Gláucon é muito importante: "Para convencer esses homens aí, não, não conheço; conheço um expediente para convencer os seus filhos, a posteridade e o resto da humanidade" (III 415d). Platão, por outros termos, está plenamente consciente de que a nova educação na cidade do futuro não pode começar pelos adultos, plenamente comprometidos com as constituições e a mentalidade da "cidade doente", mas tem de começar com os jovens; e ideias como fraternidade, proveniência comum de uma sociedade na qual cada um dá o seu contributo com base nas próprias possibilidades, não só devem ser demonstradas, mas devem começar a fazer parte também do "modo de sentir" da nova humanidade. E a sensibilidade dos homens novos deve ser educada, justamente, também com mitos.

18.2. O mito de Er

Muito mais complexo e problemático é o mito de Er, narrado no x livro, concluindo todo o diálogo. Er era filho de Armênio, rei da Panfília, uma zona costeira da Ásia Menor. Morto valorosamente em guerra, estava para ser sepultado, quando de repente ressuscitou e começou a contar o que vira no além. Saída do corpo, a sua alma caminhara junto com muitas outras e chegara a um lugar maravilhoso, do qual se formavam quatro vias, duas que se abriam para as voragens da terra e outras duas que iam para o céu. No seu cruzamento estavam sentados juízes que, após terem julgado as almas, mandavam as justas para a estrada da direita, que subia para o céu, e as injustas, para a estrada da esquerda, que descia para as profundezas da terra. Todas as almas tinham os sinais das suas ações passadas. Quando chegou a vez de Er, os juízes disseram-lhe que teria de observar tudo com atenção para poder depois descrever aos homens o mundo do além. E ele viu as almas julgadas que subiam para o céu ou desciam às profundezas da terra e, ao mesmo tempo, através das outras duas vias, almas que subiam da terra, sujas e empoeiradas, e almas que desciam do céu, limpas. Todas as almas se encontravam naquele lugar: as que vinham da terra pediam às outras notícias do mundo celeste, e as que vinham do céu pediam notícias do mundo subterrâneo. E trocavam os contos, umas chorando e entristecendo-se, outras felizes pelas beatitudes celestes e as visões belíssimas do céu. Por cada injustiça cometida, ou por cada benefício feito, as almas ficavam no céu ou no subterrâneo o décuplo de uma vida humana, isto é, 1000 anos. Espectáculos horríveis viu Er debaixo da terra: homens de fogo que atavam as almas, esfolavam-nas e arrastavam-nas na terra e nas plantas espinhosas, até chegar o tempo de subir até o ponto de encontro, onde se via um feixe de luz que atravessava todo o universo. No seu zénite estava pendurado o fuso de Ananke, a Necessidade, que fazia girar todas as esferas do universo.

Depois, quando todas as almas se encontravam no ponto de encontro, um arauto pegava do colo de Láquesis, a irmã de Ananke, em todas as sortes e tipos de vida, em número muito maior do que as almas presentes, e atirava-as para os pés das almas, avisando-as de que a responsabilidade da escolha recaía exclusivamente sobre elas. Havia vidas de todos os gêneros: de animais, de tiranos, de homens célebres por virtudes físicas ou morais, e depois doença e saúde, riqueza e pobreza. Esse era o momento mais delicado para o homem, no qual se vê a importância de possuir a capacidade e a ciência de discernir a vida honesta da maldosa. A honesta o conduzirá a tornar-se sempre mais justo, a maldosa, a tornar-se sempre mais injusto. A todos, mesmo os que escolhem por último, é dada a possibilidade de escolher cautelosamente a vida boa. E ainda assim os que escolhiam vidas más não se culpavam pelos males, mas culpavam a sorte e os demônios[1], em suma, todos menos a si mesmos. Até os que desciam do céu escolhiam às vezes vidas más, enquanto que a maioria dos que provinham do subterrâneo escolhia vidas boas, experientes pelas coisas que tinham visto lá em baixo. A maioria, todavia, escolhia consoante os hábitos da vida anterior.

Er contava ter visto também as escolhas de algumas almas famosas: Orfeu, que escolhera a vida de um cisne, Ajax, que escolhera a vida de um leão, Agamêmnon, a vida de uma águia, Atalanta, que escolhera novamente a vida de uma atleta, Tersites, a de um macaco, Odisseu, que escolhera a vida de um cidadão comum. Depois da escolha, todas as almas se apresentavam a Láquesis, que dava como companheiro a

---

[1] Tradução do termo grego *daímôn*, que não possui o significado ordinário que atribuímos ao termo "demônio" em português. Ana Lia de Almeida Prado (*A República*. São Paulo, Martins Fontes, 2006) traduz o termo como *dêmon* (cf. 469 a, p. 205 da tradução; 617 e, p. 413 da tradução). [Nota do Revisor].

cada uma o demônio que ela tinha escolhido para si. Em seguida, todas se dirigiam para o rio Letes, onde todas bebiam e esqueciam tudo o que acontecera. Er não podia beber dessa água, e por isso, sem saber como, achou-se de regresso ao seu corpo pouco antes de ser sepultado (X 614b-621b).

O mito, também no resumo que aqui demos, apresenta muitos problemas e muitas estranhezas. O primeiro de todos é a problemática relação que existe entre ele e a enunciação de muitas doutrinas platônicas presentes também em outros diálogos como, por exemplo, a teoria da imortalidade da alma. Com efeito, esta teoria assume valências diferentes de diálogo para diálogo: no *Banquete* é negada a possibilidade da sobrevivência de uma alma individual, enquanto que noutros diálogos (como no *Fédon* e em parte no *Fedro*) ela parece sustentada. Problemática é também a concepção mesma das almas: segundo o conto, o número das almas deveria ser finito, embora altíssimo. Problemático é pensar num sofrimento ou alegria das almas depois de ter abandonado o corpo, dado que todos os sofrimentos e alegrias são descritos como se as almas fossem corpóreas. Problemático é pensar numa liberdade de escolha que possa conciliar-se com a Necessidade, até das atitudes da vida passada, razão pela qual uma alma estaria condenada a continuar a viver sempre um certo tipo de vida, mesmo que se esquecesse sempre das vidas anteriores a cada reencarnação.

Mas é inútil submeter o mito a uma rigorosa análise racional. Como sempre, nos mitos, com Platão, antes e depois de Platão, o seu significado e valor não está na coerência do conto fantástico que os mitos propõem, mas na mensagem que pretendem veicular. O mito não é uma demonstração lógica e racional. Ele serve, como Platão frequentemente nos lembra nos seus diálogos, para *comover* e para *educar*, ou seja, para modelar as almas de maneira diferente da maneira de modelar de uma cidade corrupta, tocando também a mola da *sensibilidade* da alma. Para que *toda* a alma, com os seus raciocínios e com os seus sentimentos, deseje e queira realizar o bem, isto é, queira viver uma vida justa. Então, o mito de Er é também um forte apelo à consciência e à responsabilidade moral e civil que cada homem deveria demonstrar nas suas ações. Por esse motivo, ele reentra perfeitamente na perspectiva deste diálogo, que no fundo é um desenho completo de outra cidade, de outra sociedade, diversas das presentes, nas quais seja possível para todos viver finalmente uma vida justa e ser felizes.

Nota bibliográfica

O trabalho mais completo e mais recente sobre a *República* platônica esteve ao cuidado de vários autores e foi coordenado por Mario Vegetti, *La Repubblica*, Napoli: 7 volumes, publicados de 1998 a 2007. Mario Vegetti fez também uma boa tradução italiana, Milano, 2006; uma boa tradução portuguesa é a de Maria Helena da Rocha Pereira, Lisboa, 1993. Em inglês, pode-se consultar a tradução de G. R. F. Ferrari-T. Griffith, Cambridge, 2000; em francês a tradução de G. Leroux, Paris, 2002. Nestes volumes citados pode-se encontrar também uma vasta bibliografia. Assinalo aqui só alguns outros volumes sobre o diálogo, entre os mais recentes:

J. Annas, *An introduction to Plato's Republic*, Oxford, 1981;
L. H. Craig, *The war lover. A study in Plato's Republic*, Toronto, 1994;
R. C. Cross-A.D. Woozley, *Plato's Republic. A philosophical commentary*, London, 1964;
M. Dixsaut (éd.), *Études sur la 'République' de Platon*, 2 voll., Paris, 2005;
K. Dorter, *The transformation of Plato's Republic*, Lanham, 2006;
O. Höffe (hrsg.), *Platon. Politeia*, Berlin, 1997;
W. Kersting, *Platons 'Staat'*, Darmstadt, 1999;
E. N. Ostenfeld (ed.), *Essays on Plato's Republic*, Aarhus, 1998;
S. Rosen, *Plato's Republic. A study*, New Haven-London, 2005.

Sumário

3   Apresentação

5   I CAPÍTULO

5   Premissa
6   1. Vida e obras de Platão
10   1.1. A estrutura do diálogo. O lugar e o tempo
11   1.2. As personagens do diálogo

II CAPÍTULO

13   2. Livro I (327a-354c: Sócrates discute com Céfalo, Polemarco, Trasímaco e Gláucon)
15   3. Livro II (357a-383c: Sócrates discute com Gláucon e Adimanto)
17   4. Livro III (386a-417b: Sócrates discute com Adimanto e Gláucon)
20   5. Livro IV (419a-445e: Sócrates discute com Adimanto e Gláucon)
21   6. Livro v (449a-480a: Sócrates discute com Gláucon e Adimanto)
23   7. Livro VI (484a-511e: Sócrates discute com Gláucon e Adimanto)
24   8. Livro VII (514a-541b: Sócrates discute com Gláucon)
25   9. Livro VIII (543a-569c: Sócrates discute com Gláucon e Adimanto)
27   10. Livro IX (571a-592b: Sócrates discute com Adimanto e Gláucon)
28   11. Livro X (595a-621d: Sócrates discute com Gláucon)

III CAPÍTULO

- 31   12. A justiça no homem: a alma e a cidade
- 36   12.1. Opiniões comuns e organização política baseada sobre a desigualdade
- 38   12.2. A cidade primitiva e a cidade opulenta
- 41   12.3. O indivíduo e a cidade
- 46   13. A cidade educada. O papel da poesia e da arte
- 49   13.1. A mentira útil
- 50   13.2. A música, o tribunal e o hospital
- 53   14. A cidade dos filósofos
- 56   14.1. A primeira onda: homens e mulheres são iguais
- 57   14.2. A segunda onda: mulheres e filhos em comunhão
- 61   14.3. A terceira onda: os filósofos no poder
- 66   14.4. O navio, a barulheira, a besta e a cor humana
- 70   15. A questão da felicidade
- 74   15.1. Justiça, felicidade e educação
- 79   15.2. A felicidade possível
- 85   16. O bem, a linha e a caverna: entre o conhecimento e a práxis
- 87   16.1. O sol e a ideia do bem
- 90   16.2. A linha: a faculdade do conhecimento e os seus objetos
- 96   16.3. Imagens e metáforas: a "reviravolta" da alma
- 100   16.4. O tema da sabedoria: a caverna
- 102   16.5. O tema da obrigação
- 105   16.6. O tema da "canção dialética"
- 110   17. O desejo de conhecimento
- 112   17.1. Conhecimento, opinião e ignorância
- 114   17.2. Sensação e pensamento: as ideias
- 116   18. Os mitos da República. O anel de Giges
- 118   18.1. O mito dos nascidos da terra
- 120   18.2. O mito de Er
- 125   Nota bibliográfica

Coleção **COMO LER FILOSOFIA**

Coordenação: Claudiano Avelino dos Santos e Claudenir Módolo Alves

- *Como ler a filosofia clínica, ou melhor, a orientação filosófica. Prática da autonomia do pensamento*, Monica Aiub Monteiro
- *Como ler a filosofia da mente*, João de Fernandes Teixeira
- *Como ler Jean-Jacques Rousseau*, José Benedito de Almeida Júnior
- *Como ler os pré-socráticos*, Cristina de Souza Agostini
- *Como ler um texto de filosofia*, Antônio Joaquim Severino
- *Como ler Wittgenstein,* João da Penha Cunha Batista
- *Encontrar sentido na vida: propostas filosóficas*, Renold Blank
- *Fazer filosofia: aprendendo a pensar como os primeiros filósofos*, Barbara Botter
- *Filosofia do cérebro*, João de Fernandes Teixeira
- *Inteligência artificial*, João de Fernandes Teixeira
- *Introdução a Lévinas: pensar a ética no século XXI*, Rogério Jolins Martins; Hubert Lepargneur
- *Mestre Eckhart: um mestre que falava do ponto de vista da eternidade*, Matteo Raschietti
- *Por que estudar filosofia?,* João de Fernandes Teixeira
- *Schopenhauer: a decifração do enigma do mundo*, Jair Barboza
- *Um mestre no ofício: Tomás de Aquino (com DVD)*, Carlos Arthur Ribeiro do Nascimento
- *Um mestre no ofício: Tomás de Aquino*, Carlos Arthur Ribeiro do Nascimento
- *Uma introdução à República de Platão*, Giovanni Casertano